从全球
到中国

哈巍等 著

学校与社会的协同创新

世界图书出版公司

北京　广州　上海　西安

图书在版编目（CIP）数据

从全球到中国 : 学校与社会的协同创新 / 哈巍等著 . —北京：世界图书出版有限公司北京分公司，2023.11
　ISBN 978–7–5232–0354–5

Ⅰ. ①从… Ⅱ. ①哈… Ⅲ. ①教育生态学 – 文集 Ⅳ. ① G40–056

中国国家版本馆 CIP 数据核字（2023）第 064323 号

书　　名	从全球到中国：学校与社会的协同创新 CONG QUANQIU DAO ZHONGGUO
著　　者	哈　巍 等
责任编辑	刘天天
责任校对	尹天怡　李　博
装帧设计	贾　媛
出版发行	世界图书出版有限公司北京分公司
地　　址	北京市东城区朝内大街 137 号
邮　　编	100010
电　　话	010 - 64038355（发行）　 64033507（总编室）
网　　址	http://www.wpcbj.com.cn
邮　　箱	wpcbjst@vip.163.com
销　　售	各地新华书店
印　　刷	北京建宏印刷有限公司
开　　本	880mm×1230mm　1/32
印　　张	7.75
字　　数	128 千字
版　　次	2023 年 11 月第 1 版
印　　次	2023 年 11 月第 1 次印刷
国际书号	ISBN 978–7–5232–0354–5
定　　价	78.00 元

如有质量或印装问题，请拨打售后服务电话 010-82838515

教育始终是答案

> 陈 一 丹

2023 年春，人们听到技术浪潮的涛声如春雷般清晰。

关于人工智能的讨论与运用再次点燃了人们对未来的想象。似乎再翻过一座矮山，我们就能看到科技大航海时代的千帆竞渡。

AI 潮涌，让疫情甫消的世界混杂着不安与兴奋，也让我想起 20 多年前，互联网大潮初期，我和伙伴投身其中，并在内部观察到一种技术如何从新生渐次变成一种生活方式的。

技术的影响已经远远超过了技术本身。过去不可能之事会越来越快地发生，不仅体现在变化速率上，更在扩展规模上。

作为文明演进的载体，教育既是技术的原因也是结果。一方面，教育革新的时机已成熟。技术和伟大的产品可以让教育变得更好。另一方面，现代技术带来了例如数字成瘾等噪音，社会良治的共识需要通过教育来校正。

如今比以往任何时候都更有创造与革新的空间，教育如何自处？教育如何重塑？回答这个时代大哉问不取决于技术。未来与愿景有关，而指向人的行动。这是关于教育持份者可以做出的一系列选择。

一丹教育研究院是个年轻的机构，它由陈一丹基金会发起，设立之初就聚力于此，试图回归教育本源，探讨教育问题。一群对教育充满热情并且对如何使教育的未来有远大想法的人聚拢于南国深圳，展开寻找教育未来可能进路的重新想象。

教育作为一种方法，从事教育研究、教育实践的国内一流专家学者实地调研、展开对话，就教育一系列问题、话题开展了深入细致的研究，或开展田野调查，或搭建理论框架，这些教育协力者为相应的研究领域提供了宝贵的见解，脉络与进路。我们通过他们的眼睛，看到更大的教育图景。

而大流行病使人们的观念发生了重大转变，我们的教育未来仍将感受到其影响。如何在当今复杂的世界中培养更大的理性，如何以不同的方式思考，并在更深层次的背景下思考教育问题，仍然是确定教育界有趣的、未解决的问题的起点。

我很高兴看到，这一系列行动已经沉淀文献和共识，并通过出版成为人类教育思想库的一部分。书籍仍然是改变讨论和影响人们思维方式的首选工具。我们相信阅读和书籍一定会提高教育成果，增加教育总价值，并且为未来转变提供可能性。

从一丹教育研究院、基金会和业界同行的研究实践中，我们可以越来越清晰地看到，协作带来连接，连接带来丰富，丰富带来韧性。教育变革的核心是教育生态要从单一的部门走向丰富的系统。

我们主张确立大教育、泛教育的新范式，这是基于连接的多元教育生态系统，由竞争转为协作，从封闭转向开放，从稀缺转向丰盈。

其次，教育之道在于实践与在场。如今，教育和学习主要发生在课堂之外。教育的最大价值之一在于让人们了解世界是如何运作的。而这一切都发生在社区中。

在场则意味着保持开放，响应技术和时代的要求。当我们身处浪潮其中时，可能不会觉得这是一场革命。但它是无可避免、正在发生的事情。

最后一点与技术无关却最为关键，改变将来自关心教育的相关者。教育体系诞生之初就与理想主义密不可分，孔子以天下大同的仁爱为旗帜，让教育流入民间，如今依旧需要这种关心。

点燃教育的火花，比以往任何时候都更重要。面对挑战，我们应该教会下一代如何关心，如何善良。面对不确定性，我们关注可能性。我们应该教会下一代保持乐观，以信心和长期视角应对复杂系统。

教育是一种选择，最重要的是，通过行动重塑未来。当我们致力于取得成果时，道路就会更加清晰。我们有机会建立一个基于贡献、可能性和洞察力的未来。

放下书稿清样，方觉已是日暮时分。而窗外，新绿初吐、万木奔腾，又是一年春归时。

在希望的田野上。教育就是答案。教育始终是答案。

通过这些文字的风景，我看到了一群种树的人、一群在春天播撒种子的人。这些行动的理想主义者，在种植和培育重要的想法，让教育变得比以前更好。

借此机会，我想特别感谢北京大学教育学院，以及领衔专家哈巍教授和他的研究团队，世界图书出版公司副总编辑徐国强博士和本书责任编辑刘天天女士。大道同行，吾辈不孤。

教育永无止境。前路漫漫，唯愿同行者一路有憧憬、有所得。格物致知，丰盈于心。

是为序。

序言

> 哈 巍

教育作为社会的一个组成部分，是人类社会发展到一个阶段的产物，同时也是人类知识传承、文明演进的一个重要途径。19世纪以来正规学校教育的发展通过普及教育、促进人力资本形成和提升人的生产效率、文化素养，对社会发展产生了巨大的推动作用。然而随着正规学校教育的不断普及和发展，产生于工业时代的正规学校教育更加注重讲授前人的知识，而不是带领孩子进行探索。而且这种正规教育也越来越多地被赋予对人进行筛选的社会功能。这导致了教育的双重异化，一方面教育的内容和形式与当前社会的发展现实和需要渐行渐远，另外一方面日益扩大的经济和社会地位差距导致围绕着教育的筛选功能展开的竞争日趋白热化，儿童、家长和社会对于教育的可测量的量化结果变得异常敏感和焦虑。因此当前人类社会面临的一个迫切问题就是如何探索教育与社会的协同创新，打破这种教育的异化。

本书首先回顾了现代教育体制产生的背景及其面临的挑战，借鉴教育生态学中的教育生态系统理论，从经济合作与发展组织的创新型学习环境系列报告中提出的教学内核概念的四个维度——教学者、学习者、资源和教学内容——入手，系统分析了近年来世界范围内有影响力和一定生命力的学校与社会的协同创新案例，并且以深圳市为例，描述了中国内地的学校与社会的协同创新的实践案例。书的最后提出了未来构建具有活力和生命力、可持续性的教育生态系统的政策建议。

我作为本书的主要作者，构建了本书的分析框架和章节结构，对全书进行了统稿，并提出了本书核心的政策建议，即通过建立"人力资本收益平衡式"，明确每一个个体（人或者企业、机构）占有的公共教育资源和应承担的教育责任来破解教育协同创新的难题。我的学生分工负责了不同章节初稿的撰写：李孟泽主要撰写了"学校教育的诞生与发展""教育生态学理论与研究框架"等章节以及美国21世纪社区学习中心计划、深圳"四点半学校"和"四点半活动"、深圳明德实验学校的案例，肖烨主要撰写了"教育系统面临的问题与挑战"章节和深圳"安全号列车"的案例，林璐主要撰写了美国特许学校运动、孟加拉国 BRAC 教育项目的案例，曹宇莲、徐万蓉、王瑶、陈思源、李昀玮、Yuliana 在"深圳教育的特点""传统教育危机"等章节和案例撰写上有所贡献。范皑皑博士对这些国际案例和深圳市的案例进行系统性的分析和比较，找到了它们之间惊人的共性并且提出教育与社会的协同创新应该以不同形式贯穿整个教育系统的不同学段，而不仅仅局限于基础教育。

在本书的写作过程中我们得到了陈一丹基金会的大力支持，尤其是饶瑞瑞秘书长、陈晨博士以及孟昭莉博士，从研究问题的提出到实地调研的安排到报告初稿在一丹教育论坛的初次发布都凝聚了他们的心血。这里也特别感谢参加 2021年一丹教育论坛的国际组织专家们和国内外高校的同行们，他们富有洞见的发言与讨论极大地影响了本书后续的写作。他们包括联合国教科文组织前教育助理总干事唐虔博士、经济合作与发展组织教育与技能总监 Andreas Schleicher 博士、亚洲开发银行教育部门负责人 Sungsup Ra 博士、剑桥大学教育学系主任 Susan Robertson 教授、北京师范大学中国教育创新研究院院长刘坚教授、东北师范大学教育学部副主任秦玉友教授、上海市教育科学研究院课程与教学中心主任夏雪梅博士等。课题在深圳调研期间，得到了深圳市教育局、深圳市前海管理局、深圳图书馆、深圳市南山区教育科学研究院、深圳明德实验学校（集团）、深圳爱文学校的大力支持。另外需要着重指出的是，一丹教育论坛和本书的成功离不开北京大学教育学院的同仁们的支持，如院长阎凤桥教授、副院长刘云杉教授、副院长侯华伟老师、荣休教授陈向明老师、长聘副教授沈文钦老师等。要感谢的人实在太多了，难免挂一漏万，还请见谅。

最后感谢世界图书出版公司副总编辑徐国强博士、本书的责任编辑刘天天老师给予的帮助与支持。

陈一丹基金会　北京大学教育学院
教育研究专项课题

《从全球到中国：学校与社会的协同创新》
领衔专家

哈巍

北京大学教育经济研究所研究员、长聘副教授、教育学院副院长，哈佛大学公共政策博士。长期从事教育发展研究，先后主持国家自然科学基金面上项目、国家社会科学基金重点项目等课题 20 余项，发表了 60 余篇中英文学术文章。获教育部第八届高等学校科学研究优秀成果二等奖、第六届全国教育科学研究优秀成果三等奖、北京市第十六届哲学社会科学优秀成果二等奖。在北大任教之前，他曾在联合国开发计划署和联合国儿童基金会担任政策专家。

范皑皑

北京大学教育学院副编审，哥伦比亚大学与北京大学联合培养管理学博士。从事大学生发展与就业、国际教育、家庭教育投资方面的研究，曾主持国家自然科学基金、北京教育科学规划等课题。在 SSCI 期刊、重要报刊发表多篇相关中英文研究成果。

研究及项目团队（以姓氏拼音排序）：

曹宇莲，北京大学教育经济研究所博士生

陈思源，北京大学教育经济研究所硕士生

陈咏霞，陈一丹基金会研究员，斯坦福大学访问学者

陈　晨，陈一丹基金会研究顾问，高级研究员

李孟泽，北京大学教育经济研究所硕士生

李昀玮，北京大学教育经济研究所硕士生

林　璐，北京大学教育经济研究所博士生

孟昭莉，一丹教育研究院执行院长

饶瑞瑞，陈一丹基金会秘书长

肖　烨，北京大学教育经济研究所博士生

徐万蓉，北京大学教育经济研究所硕士生

王　瑶，北京大学教育经济研究所科研助理

Yuliana Dementyeva(尤丽)，剑桥大学教育系博士生，北京大学教育经济研究所交换学生

目录

> contents

引言

一、为什么需要教育创新？

在现代教育制度产生之前，教育孩子的职责主要由家庭和面向社会特定阶层的官学或者私学来承担。现代公立教育体系诞生以来的近 200 年，强制性和普惠性的义务教育制度从其发源地——欧洲大陆逐渐扩展到全世界，公立学校逐渐成为了教育的主导性机构。它们在培养孩子的国家认同感和公民意识的同时，也通过知识和技能的传授为社会经济发展提供了必要的支撑。然而这种专门化、制度化的学校教育也引发了人们对于教育的反思。对于学校教育的诟病主要集中在学校教育与社会现实和需求脱节、教育质量欠缺与效率低下、教育以学校和老师为中心而非以学生为中心以及教育成为了社会关系再生产的工具等方面。在技术变革日新月异的今天，特别是伴随着人工智能时代的到来，学校教育与社会之间的这种不协调和不平衡显得更为突出和刺眼。社会对人的技能需求将发生剧烈的变化，教育目标、教学内容、教育方式应该如何变化，都是当下社会各界极其关注的问题。

在教育危机与社会快速变革的背景下，教育需要创新成为了社会的共识。国际组织、政府、教育实践者和学者关于教育创新的观点、实践和理论研究如雨后春笋般涌现，自上而下和自下而上的教育变革层出不穷。图1和图2分别展示了在知网中检索标题包含"教育创新"的中文期刊论文发表年度趋势和在 Web of science 中检索标题包含"educational innovation"或"innovation in education"的英文期刊论文发表年度趋势，均可以发现 2000 年后与教育创新相关的论文逐年增加。

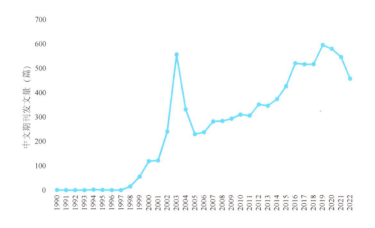

图 1　标题包含"教育创新"的中文期刊论文发表年度趋势（知网）

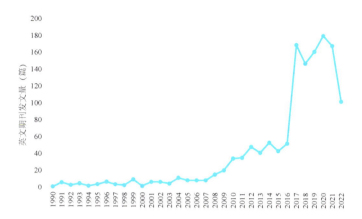

图 2　标题包含"eductional innovation"或"innovation in education"的英文期刊论文发表年度趋势（Web of science）

近年来，教育创新也一直是经济合作与发展组织 (OECD)、联合国教科文组织 (UNESCO) 和世界银行 (World Bank) 等国际组织密切关注的话题。例如 OECD 的教育研究与创新中心 (Centre for Educational Research and Innovation) 致力于建立关于教育创新政策和实践的知识库（OECD，2017），并对几十个国家和地区的教育创新实践活动进行了评估（OECD，2014）。世界银行 2018 年的世界发展报告首次将主题聚焦于教育，认为在社会经济快速变革的时代，教育对人类福祉的重要性愈加突出，但全球正面临着学生入校却未能真正达到学习效果的危机。面对这一学习危机，世界银行提出从让学生做好学习准备、提高教师教学效果和学校管理水平三个方面进行教育干预和创新，并强调要协调教育系统内外各个行动主体，促使整个系统围绕共同目标而发挥作用。此外，世界银行一直致力于支持各国更有效地采用数字技术以改善教学的创新实践 (Hawkins et al., 2020)。联合国教科文组织则是就教育创新及其在实现可持续发展目标 (SDG)4——"确保包容和公平的优质教育，让全民终身享有学习机会"方面的作用进行了广泛研究。联合国教科文组织从预测与应对教育新趋势和新需求、设计实施和分享成功的教育实践、促成多方协商合作和支持教育系统从业者能力提升等方面入手推动教育创新与变革，代表性报告包括 2021 年发布的《一起重新构想我们的未来：为教育打造新的社会契约》(UNESCO，2021)。

从政府角度而言，21 世纪以来，各国政府向教育投入了大量资源，以培养学生"21 世纪技能"为目标，以创新课程体系、教师专业发展、教育技术等为抓手，改革教育目标、教学方式（Reimers, 2020）。例如美国奥巴马政府在 2009 年启动"为创新而教"，呼吁社会各界共同努力以激发中小学生对科学、技术、工程和数学（STEM）的兴趣，提升科学教育的质量。再如新加坡教育部在 2010 年发布《21 世纪技能》框架，以培养新加坡学生面向 21 世纪的核心素养为目标开启了新一轮基础教育课程改革，并强调通过培养能够使用创新性教育方法的变革型教师来实现新的教学目标。又如日本近些年为了迎接"社会 5.0"即"超智能社会"，在《人工智能战略 2019》、《学习指导纲要 2020》等政府官方文件中将教育改革作为实现"社会 5.0"的基石，从中小学阶段开始提升学生人工智能素养，培养人工智能前沿人才（康长运等，2021：13-33）。

　　对于林林总总的教育创新进行全面的总结和梳理超出了本书的范畴，不过北京师范大学中国教育创新研究院 2021 年发布的教育创新前沿丛书之一《全球教育创新动态报告》在这方面做了很好的工作，她们指出不同的组织在推动教育创新时各有侧重又兼具共性，他们的共同目标包括改善课堂和课程、通过技术创新学习环境、构建核心能力体系、促进教育公平、连接教育社区、动员各种社会力量等，这些教育创新实践在推动教育变革中发挥着至关重要的作用（刘启蒙等，2021：3-21）。虽然关于教育创新的必要性已毋庸置疑，但在社会不断变革的背景下教育应该如何创新仍然众说纷纭、莫衷一是，也并非所有教育创新实践的成效都尽如人意。例如

Serdyukov（2017）在评价美国近些年的教育创新时说到，尽管美国有很多正在进行的教育研究和创新，但在校学生或大学毕业生的成绩并没有显著改善，PISA 评估、雇主调查等结果依然令人失望。

在教育创新的迫切需求与有效供给不足的矛盾中，一个非常重要的因素是现有的教育创新并未从教育危机的本质出发，以破解学校与社会之间脱节问题为核心抓手进行创新。

二、为什么教育创新需要学校和社会？

其实一些学者早在提出教育危机时就意识到，教育改革不仅仅是学校自身的责任，提出必须以学校与社会协同创新作为解决方案。一百多年前约翰·杜威在其实用主义教育哲学中就鲜明地主张学校既要适应社会的变化，也应该成为社会和生活的中心，学生应该通过参与社会生活来学习，以解决学习与工作和社会生活脱节的问题。

1968 年，联合国教科文组织国际教育规划研究所首任所长菲利普·库姆斯（Philip H. Coombs）在其著作《世界教育危机：系统分析》中指出，二战后世界范围内科技、政治、经济、人口和社会结构发生的巨变，使得教育体制与周围环境非常不协调。库姆斯尤其强调"非正规教育"（Informal education）和"非正式教育"（Non-formal education）的作用，认为解决危机应当要求"教育与社会大力协作，共同调整和适应"（Coombs，1968）。

自 1990 年世界全民教育大会以来，各国政府积极扩大教育机会，但教育规模扩大并不意味着教育质量的提高，学校教育的质量问题仍是 21 世纪教育的关注重点。联合国教科文组织在其历次重要的教育报告中也都发出了教育与社会联手解决问题的呼吁，并且提出了终身学习、学习化社会、全民教育等概念。然而对于社会如何与学校协同创新并没有一个一致的和可操作的方案，学校与社会之间的种种壁垒仍然存在。

本书认为，既然教育危机的根源在于学校与社会发展之间的不协调不平衡，那么要破解这一局面，就需要通过打破学校和社会之间的障碍，让政府、家庭、企业、社会组织等相关利益群体参与到教育系统和学生培养的各个环节当中，建立一个更具包容性的教育生态系统。而这其中最关键的是要建立一个面向所有利益群体的教育评价体系，明确每一个个体（个人或者企业、机构）占有的公共教育资源和应承担的教育责任，解决教育私人收益和社会收益之间的不平衡。

三、为什么要从全球到中国到深圳？

改革开放四十年来，在借鉴全球教育发展经验和依托本土国情的基础上，我国完成了各级各类教育的普及，建立了世界上规模最大的教育体系，教育为我国社会经济的发展注入了巨大的活力。近年来我国 PISA 考试成绩也在全球名列前茅，引发了全球的关注。即使是在相对于全球起步较晚的教育创新方面，也不乏自下而上的教育创新实践，例如 2022 年一丹教育发展奖获得者苏州大学朱永新教授以"过一种幸福完整的教育生活"为目标的新教育实验，华东师范大学叶澜教授以学校整体转型为特点的新基础教育实验，以及北京十一中学教育改革等等（朱永新，2021）。也有国内学者不断呼吁教育创新，如北京理工大学教授、21 世纪教育研究院院长杨东平多次公开主张"重新定义学校"。

当然也应该注意到当前中国的教育与社会需求脱节的结构性问题更为突出，教育创新的需求更为迫切。从微观层面上看，家长和社会一方面对应试教育、填鸭式教育的批判声音越来越强烈，另一方面面对教育系统的过早分流和筛选又抱以深度的焦虑，以至于不惜砸重金在课外培训上进行内卷式的竞争。这种自相矛盾与无奈在 2021 年 7 月中国政府推出《关于进一步减轻义务教育阶段学生作业负担和校外培训负担的意见》（简称"双减"政策）后得到了暂时的缓解，但也随时可能出现反弹。从宏观层面上看，在百年未有之大变局和单边主义、保护主义日益盛行的时代背景下，中国对拔尖创新人才的需求与现行教育系统能够提供的拔尖创新人才供给间的张力愈发彰显。表面上看欧美国家对我国的"卡脖子"卡住的是高科技，实际上卡住的是拔尖创新人才的培养，而这背后的实质是各国在教育生态系统效率上的竞争。我想这也是习近平总书记在中国共产党第二十次全国代表大会上的报告中将教育、科技和人才三位一体统筹部署背后的深意。

深圳作为我国改革开发的排头兵和最早的经济特区，以政府投入、社会参与、协同创新为特点，实现了由"教育与经济同步发展"到"教育适度超前发展"再到"教育引领发展"的战略转变。尤其是在教育协同创新方面卓有成效，教育生态系统中多元主体发挥各自的参与活力和创新意识，力图实现整个教育生态系统的深度融合发展。继往开来，深圳在 2019 年被中央政府确立为中国特色社会主义先行示范区，被赋予在教育体制改革方面先行先试的政策优势，这也是本书聚焦深圳教育改革的原因之一。

本书第一章回顾了现代教育体制产生的背景及其面临的挑战。第二章借鉴教育生态学中的教育生态系统理论，从经济合作与发展组织的创新型学习环境系列报告中提出的教学内核概念的四个维度——教学者、学习者、资源和教学内容——入手，系统分析了近年来世界范围内有影响力和一定生命力的学校与社会协同创新案例。本书的第三章以深圳市为例，描述了中国本土的学校与社会的协同创新的实践案例。本书结语提出了未来构建具有活力、生命力和可持续性的教育生态系统的政策建议。

第一章

Chapter 1

传承与变革：
学校教育面临的挑战与应对

一、从历史到现在：学校教育的诞生与发展

（一）欧美：文明演进与现代国民教育体系的形成

学校教育是由特定人群担任特定的教学任务，有组织、有目的性的教育形式。原始社会没有专门为教育设置的分类明确的社会机构，家庭承担主要的教育任务。一般认为，当书面文字成为文化传承的重要手段时才产生正式的学校教育（伯茨，2012）。掌握书写新艺术在过去是十分复杂、困难的。家庭教育不能承担这种高度专门化的教学内容。书写的发明和基于文字记载的复杂社会制度支配了当时的教育内容，在这种背景下，学校教育应运而生（博伊德，金，1985）。

奴隶社会时期，斯巴达出现了由城邦组织的类似寄宿学校的场所。斯巴达的男孩在年满 7 岁时会被送到寄宿学校接受军事化管理，学习搏斗、骑马等技能（弗里曼，2009）。而雅典的儿童在 6 岁左右也要到教师开办的学校学习文法、音乐和体育。学校的费用和教授的科目由教师自己决定。家长

根据学校的条件为儿子选择合适的学校（弗里曼，2009）。雅典教育与斯巴达教育的共同点是注重实践，其目的都是直接以成人的活动训练孩子们将来成为国家的成员。正如两地之间在社会文化、日常生活等方面的不同，学校教育同样存在差异：在斯巴达，是为造就军士而教育孩子；而在雅典，不仅是为了战争，也是为了和平而教育孩子。因此，斯巴达的教育科目中体育是非常重要的部分，而雅典的学校则把音乐加进体育训练，并按照自己的审美观要求对体育课程进行了修改（博伊德，金，1985）。

早期罗马的学校教育深受希腊地区的影响。各种等第和各阶层的男孩（有时也有女孩），六岁或七岁时，在教仆的监护下去文艺学校（又称游乐学校或初级小学）。出身较好阶层的男孩，在其十二、十三岁时进入文法学校，学习语法、文学与修辞。进入罗马帝国时期，罗马人非常重视教育，致力于把教育和文化推行到臣属于罗马的民族中去。其结果是，所有较大市镇和许多较小市镇都开办了教育儿童的文法学校，到2世纪，罗马学校实际上已经很普遍了，且这种繁荣一直持续到4世纪末期。在教育内容和教学形式等方面，从公元1世纪到5世纪，罗马教育始终保持了它的一致性（博伊德，金，1985）。罗马帝国的儿童首先进入初等学校，学习读、写、算，然后进入文法学校上学，接受文法与修辞的训练。假如学生对普通学业之外的科目感兴趣，例如哲学或者人文学科，他们必须在专门教师的指导下进行学习，或者通过自学才能掌握这些"特殊"知识。

这一时期还有一个重要的特征，即基督教会进入教育领域（伯茨，2012）。由于在整个帝国范围内基督教的发展，一种新的道德和智力的力量开始自由地形成了（博伊德，金，1985）。此后，宗教在学校教育发展的过程中发挥日益重要的作用。就通常的情况而言，帝国的基督教化，可以期待它使国家教育的性质发生巨大变化。但教会尽管在政治上得势，到 4 世纪结束时，仍没有一个明确的教育政策，几乎还是停留在 2 世纪结束时的水平。教会对异教的学问虽然不信任，仍然不能提出任何实际的可供选择的办法（博伊德，金，1985）。

总而言之，虽然罗马教育是从希腊教育之中派生出来的，但是罗马学校学科的范围相较于希腊教育来说狭隘得多。罗马教育制度的理想是"言辞的雄辩"。体操、舞蹈、音乐、自然科学和哲学，如果要学习这些学科的话，它们或降低为文学和演讲术的副科，或在校外私下教授。甚至在各种文学学科上也还有一种功利主义精神。这种精神体现在各种知识和技巧都用来培养优秀公民和杰出的演说家，并且把文法和修辞的专业性吹捧到不适当的程度，这恰好说明了这种实用目的（博伊德，金，1985）。而罗马教育相较于希腊教育的优势在于罗马教育所建立的一套较为完善的、技巧娴熟的教学法（博伊德，金，1985）。二者的共同点是，无论在古代希腊还是在罗马时期，奴隶阶层仍占人口的大多数，但奴隶并没有接受学校教育的资格。只有具备公民资格的少数社会上层群体才能接受学校教育（伯茨，2012）。

公元 5 世纪，北方蛮族的入侵和罗马帝国的灭亡，使地中海地区的国家已经繁荣了一千年的文化濒于毁灭的危险。一个世纪以前在整个帝国中起过强有力的作用的市立修辞学校和文法学校仅在一两代人的时期内，就几乎都消失了。但是，当时教会由于形势的逼迫而关心起教育来，最终产生了一种学校制度。到黑暗时代结束时，这种学校制度差不多和随罗马帝国一起衰亡了的学校制度一样完善和全面（博伊德，金，1985）。教会出于培养职业教士、传播宗教的目的，大规模开展办学活动。修道院学校是基督教典型的教育机构，由专门的神职人员担任教师。在教育形式上，修道院学校分为"内学"与"外学"两种。内学是针对将来准备从事基督教神职工作人员的定向教育，培养学生在修道院学校内学习基督教的基本教义、拉丁语基础和"七艺"。外学则是针对世俗大众开展的普通文化知识教育（贺国庆等，2009；伯茨，2012）。除了修道院学校外，还有主教学校和堂区学校，都是由教会举办和管理的教育机构（赵厚勰，李贤智，2018）。主教学校首先在英格兰被创立，是古代罗马学校真正的继承者。以教会为主导力量的新教育承续了部分旧教育的组织方式，但在其本质上有所差别。罗马学校的目的是纯世俗的，学校培养出来的人，精通文学，娴于演讲术，以使其在城市和国家服务中能起自己的作用。随着教育的权力从国家转给教会，当时教育的目的基本上是为了修来世，办任何教育的最终目的是给信仰带来好处。古代社会过渡到近代社会时期，教会对教育的垄断持续了一千多年，把普通知识限制在它的兴趣和教义固定范围之内（博伊德，金，1985）。随着中世纪中后期城市的兴起和商业贸易的发展，欧洲出现了适应新兴市民阶层需要的城市学校。城市学校重视商业和手工业知识的传授，强调实用知识。其类型多种多样，既有为商人子弟设立的拉丁文法学校，也有为普通市民设立的读写学校，还有一些私立学校（贺国庆等，2009；赵厚勰，李贤智，2018）。

文艺复兴时期，欧洲国家公众民族精神苏醒，商人阶级的势力随着城镇的进程在较大的城镇中不断扩大，教育的控制权开始从教会转移到市民社会手中。城市新兴中产阶级权力和地位不断增长，他们开始兴建城市学校，为子女提供基础的阅读和数学教育（伯茨，2012：181-186）。市民们对这些学校产生了强烈的兴趣，并取得了维护和管理学校的部分权力。因此，这些学校尽管由牧师控制，但在性质上却不可避免地越来越世俗化了；将近中世纪末，其中一些甚至摆脱了教会的控制，完全变成市立的学校。但是，在城市学校和世俗教师出现后的相当长的时期内，语法与修辞的学习仍旧处于教育的中心位置。直到15世纪末，文艺复兴逐渐深入发展之后，这些学校才对正在发生变化的时代精神作出响应（博伊德，金，1985）。

宗教改革时期，教育进入了一个对未来世界影响重大的新阶段。西欧建立了服务于社会各阶层的一系列学校，实现了教育权力由教会到国家的转移（博伊德，金，1985）。新教和天主教的各宗派出于培养信徒的目的，都十分重视普通民众的教育并依据各自教义开办学校。马丁·路德反对仅面向一小部分人提供教育，提倡一种适用于公开的、更普及化的教育，认为在新时代必须建立新学校，并由此开始了重建教育的工作。他明确提出国家（市政当局）出资开办教育、任命教师的重要性，强调相较于家庭教育，学校教育对儿童成长的重要作用，并且帮助创办了女子学校，提出了一系列具有影响力的法规，这些法规深刻地影响了学校组织的发展。但是，他所设想的那种自由、无拘无束的全民教育在当时的历史条件下难以达到（博伊德，金，1985）。不过，从积极的方面看，宗教改革确实使得教育的大众性增强，学校教育逐渐面向社会的全体成员。1682 年法国拉萨尔（La Salle）创办基督学校就是开端；英国建立了"慈善学校"，非国教派和国教派都在创办，其中促进会在英格兰和威尔斯全境开办了 2000 所学校，在籍学生约 40000 人。18 世纪晚期，慈善学校的工作得到了主日学校的补充。这种主日学校在"英国各郡主日学校维持和促进协会"的帮助下，遍及全国。但是，18 世纪的学校教育也面临着危机，教育机会的可得性仍然不够充分，学校教学场所简陋、办学经费较少，教师薪资待遇差，直接导致教学能力有限的问题，因而学校教育的内容受限（尤其是算术），且与社会实际需求脱节，学校教育处于普遍的衰落中。这种恶劣情况使得有志之士励志改革教育面貌，这也为19世纪教育的进展铺平了道路（博伊德，金，1985）。

19世纪，以现代学校教育制度为核心的现代教育体系在欧洲已经基本确立（项贤明，2007）。19世纪早期的教育思想中，国家的地位居于首要，在欧美主要国家陆续出现了由国家出资建立的全国性教育网络、专门的教育体制与教育法律、整合的教育科层，以及由受过培训的人员担任教师的教育系统，公共的普通初等教育已然成为了西方国家教育发展努力的目标。工业革命对教育领域的改变是不可忽视的，高效率的学校对劳动力的技术训练为欧洲工业化进程提供了人力资本支持。普鲁士在19世纪30年代时已经建成了完整的公立中小学教育体系，为14岁以下的儿童提供免费义务教育，学校接受国家教育局的管理，经费来自税收。法国在第二帝国时期也建立起了国家教育立法和管理体系。1882年，法国颁布费里法案（the Jules Ferry Law），规定小学教育具有免费性、义务性和普遍性。而英国则在稍晚一些的19世纪末20世纪初建立了高度统一的教育管理体系。美国作为殖民地，在独立之前基本延续了欧洲教育发展的脉络。独立战争后，联邦政府通过立法和赠地的方式来干预美国各州教育的发展。

19世纪30年代从马萨诸塞州发起了一场波及全美的公立学校运动。运动核心是建立州一级的教育领导，建立以税收为支撑的公立学校，建立穷人与富人共同的学校。在这场浪潮中，义务教育开始在各州实施，美国也逐渐建立起自己的学校教育体系（格林，2004）。总而言之，与早期的教会学校、城市学校相比，由民族国家主导建立的公立学校体系面向所有社会团体，服务于整个民族，具有普遍性和公共性（格林，2004；谷力，2007）。

进入20世纪以后，社会处于鼎盛的革命时代，经济变革和技术变革的速度比历史上任何时期都迅速，两次世界大战对社会和教育的改革也产生了重要的影响。社会经济对于学校的需求不断扩大，过去难以上学的底层阶级和妇女提出了更强烈的受教育要求，旧的教育受到批判，教育领域发生着剧烈的、迅速的变化。举办和维持学校被视为国家应当为公民提供的公共服务，教师专门化程度提高，教育观念更加全球化。强制性的学校教育制度开始普遍建立，公立学校拥有了更大的发展空间。1945年以后，社会观念发生了改变，例如对儿童兴趣和教育方法的重视等，催生了新的学校机构、新的学习方法、以及一直呼吁的中等学校毕业后继续升学机会的实现（博伊德，金，1985）。总的来说，20世纪的教育已经不限于学校概念，教育的理论水平大大提高，教育已然成为了一项政治性和经济性的事业。

（二）中国：官私并举的传统与现代学校制度的建立

中国古代历来存在官学与私学两种办学体制。官学是由政府主导建立的学校，而私学是由民间人士和社会力量主导建立的学校。官学产生于夏、商时期，而私学产生于春秋时期。官学与私学并驾齐驱的发展模式基本一直延续到近代西方学校制度传入中国。

中国古代官学的主要目的是训练学生为政府服务（李弘祺，2017）。进一步说，中国教育的目的主要是培养一批可以服务政府的官员。他们应该学习官定的教育内容，进行日后当官的行政历练（李弘祺，2012）。商和西周时期是我国奴隶社会的鼎盛时期。奴隶主阶级为了巩固他们的统治地位，以及镇压奴隶的反抗，于是建立了和奴隶社会的政治、经济、生产力相适应的"治教无二，官师合一"的官学教育制度。其目的是把奴隶主阶级的子弟培养成为"治人"的统治者，而把广大的奴隶排斥于学校教育之外（熊明安，1985）。商的"右学"，西周的"辟雍""泮宫"等都是早期的学校机构。这些学校主要为贵族子弟提供礼乐教育与军事教育，如西周时期的主要教学内容是"六艺"。这一时期的学校教育由官府垄断，教师由政府官员兼任，作为教学内容的各种典籍也都由官府把持（常国良，2011）。春秋战国时期，由奴隶制度所决定的"治教无二，官师合一"的官学教育制度趋于瓦解，适应新的封建制度需要的私学教育应运而生，并逐步代替官学教育而成为学校教育的主体（熊明安，1985）。

秦、汉时期，我国统一的封建中央集权制度逐步形成。封建中央政府制订了一套从中央到地方的官学教育制度，以培养封建地主阶级的统治人才（熊明安，1985）。这一体系分为中央官学和地方官学。中央官学由中央政府直接创办和管辖，地方官学按照行政区划，由地方官吏设置管理。魏晋南北朝时期由于战乱，官学衰落。隋唐则是官学体系发展鼎盛时期。唐朝的官学体系具备了相对完善的制度。宋代官学大体沿用唐制，形成了以国子监、太学为核心的中央官学和以州、县学校为主体的地方官学系统。而宋代地方学校的制度与文官考试的关系越来越密切，官学逐渐成为科举体制的一环（李弘祺，2017）。到了明清时期，科举同学校教育的关系极为密切，官学已经成为科举考试的预备场所，学生在学校并未以读书课业为主，主要任务是参加考试，获取科举的资格（常国良，2011；赵厚勰，陈竞蓉，2012）。

私学长期与官学并行发展，共同组成中国封建社会的学校教育制度。中国古代的私学主要有三种形式：具有蒙学性质的私学、具有深造性质的私学和私人设立的书院（赵厚勰，陈竞蓉，2018）。前者属于初等教育的范畴，后两者属于高等教育的范畴。如前所述，春秋战国时期，官学衰落、私学兴起。孔子以及春秋战国时期的大多数思想家都是私人教师，但是这种私人讲学并未留下任何制度性的机构（李弘祺，2017）。汉代已经出现经学家自己经营学校的传统。魏晋南北朝时期虽然官学衰落，但私学却异常繁荣。隋唐时期的私学遍布城乡，乡村中已经有私立蒙学。宋朝的书院教育异常繁荣。据说南宋末年有书院300所至600所。明清时期识字读书成为相对普遍的社会风尚，私塾遍布城市乡村（赵厚勰，陈竞蓉，2012；李弘祺，2017）。虽然宋代以前的读书人并不特别标榜私学的实践，但是它的理念却仍然非常鲜明。从孔子到汉代经师，他们的理想教育都反映了孔子的教育理想，有清楚的私学精神（李弘祺，2012）。在私学教育中，家族、宗族发挥了重要作用。宗族组织有时候规模可以大到成员超过 1000 人，其首要任务就是教育宗族内的成员，为宗族子弟准备考试。由于个人通过科举考试可以提升其所在家族的地位和财富，宗族组织往往通过持续培养科举及第的考生以维持自己在地方和国家系统中的地位和势力（李弘祺，2017）。书院在私学中的性质尤其特殊。其产生之初主要是私人设立，至少从朱熹开始，书院的理想被定位为"私人讲学"。从他一直到后代林林总总的理学家（或说道学家），到诸如近代的康有为、钱穆以至北大的汤一介，都提倡设立书院（李弘祺，2012）。但由于明清时期官府介入书院办学，书院逐渐被"官学化"。因此，学界普遍认为中国古代书院是介于官学和私学之间的相对独特的办学模式（李弘祺，2017；常国良，2011）。

不管政府办学还是私人兴学，都带有浓厚的道德理想，是要训练可以当社会表率的个人，教育或学习的目的是追求个人道德生命的完美，所谓"学以为己"从此变成中国读书人的最终关怀（李弘祺，2012）。鸦片战争后，中国传统的教育体制已经无法应对社会巨变。戊戌变法中康有为上书《请开学校折》，详细介绍了欧、美、日、德的兴学情况，并建议仿照德国和日本建立完整的学校系统。戊戌变法为传统教育的近代转型奠定了基础（熊贤君，2018）。清末新政中，清政府推广新式教育，设学堂、派游学、废科举。1902 年，在管学大臣张百熙的支持下拟定了一系列学制系统文件，统称为《钦定学堂章程》。因该年为壬寅年，又称"壬寅学制"（李慧洁，2008）。它将全国学制系统分为小学、中学、大学三个阶段，并首次将蒙学和小学学段作为义务教育目标，是我国第一个具有近代教育性质的学制。这一学制强调国民教育，注重实业教育，忽视女子教育，并且仍有科举制度的痕迹。但由于改革派与守旧派之间的矛盾，这份学制并未实际施行。1903 年，清廷颁布了由张百熙、张之洞、荣庆等人拟定"癸卯学制"。这是中国第一个经正式颁布并在全国范围内实施推行的学制，该学制以"中学为体，西学为用"为指导思想，以尊孔读经为宗旨，内容比壬寅学制详备。这一学制沿用了近 10 年时间（熊贤君，2018；李慧洁，2008；靳玉乐，2006）。壬寅、癸卯学制是中国近代史上具有里程碑意义的制度设计，奠定了中国近代学制的基础，对教育组织的形式、内容改革以及教育发展的重点等方面都产生了深远的影响。

（三）小结

中外学校教育的起源的历史原因有共通之处。学校产生于统治阶级对教育的垄断和培养统治者的需要（林柱育，1990）。当社会生产力日渐提高，学校作为独立教育机构的必要性被提出，而且可行性得以满足，例如有一部分人可以用于专门兴办教育和受教育。共同体生活对人的素质提出了更高的要求，被要求的能力已然无法在家庭和社区教育中得到完整的培养。另外，文字的产生、文字载体的出现和改进使得学习内容扩大，可以支撑体系化的学习生活。学校作为人为组织的教育机构，有组织有计划地完成某些既定内容的教育，符合国家、社会的用人需求。其次，家庭教育、学校教育等不同教育形式的重要程度随着时代发展，在中外教育体系发展的过程中出现了类似的变化。在现代国民教育体系建立以前，教会、城镇、家庭都曾承担了重要的教育职能，但这些形式的教育都只服务于特定的利益集团，满足特定阶层的需求。而现代教育体系则以公共教育为主要特点，服务的是整个民族。教育需要承担起促进国民道德、国家文化和政治发展的基本任务，同时也需要为工业经济输送具备职业技能的人才。公立学校的地位不断加强，家庭和其他社会力量的作用不断削弱。学校成为孩子教育的主导性机构，教育权从父母和教会手中不可避免地被转移到政府手中，教育的责任从家庭和社会转移到制度化的学校（古得莱德，2014）。最后，在教育目标和教学内容的变化中，中外教育都共同走向了为国家培养合格国民、为社会培养合格劳动力的目标，教育内容逐渐聚焦于培养应用性劳动技能和讲授实用知识。总的趋势是现代社会越来越要求学校嵌入社会发展的节奏与进程，要求学校与社会协同共进、共同发展。

二、从全球到中国：教育系统面临的问题与挑战

在过去近 200 年中，全世界经历了一场前所未有的大众教育扩张。这场教育扩张在 19 世纪初的早期工业化国家率先开始，到二战后已经普及全球。初等教育和中等教育在不断普及，小学入学率从 1850 年约 10% 上升到 2010 年 99%，中学入学率在 2010 年达到 74%；高等教育自 20 世纪 70 年代以来开始逐步上升，2010 年全球高等教育入学率达到 30%（如图 1.2.1 所示）；全球人口的平均受教育年限达到前所未有的高度，2010 年世界平均受教育年限达到 7.8 年，发达国家已经达到 12 年，发展中国家达到 6.5 年（如图 1.2.2 所示）；世界识字率不断攀升（如图 1.2.3 所示），据联合国

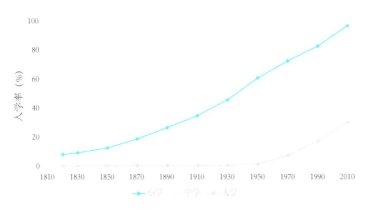

图 1.2.1 全球各级教育入学率变化图（1820—2010 年）

来源：Lee & Lee（2016）

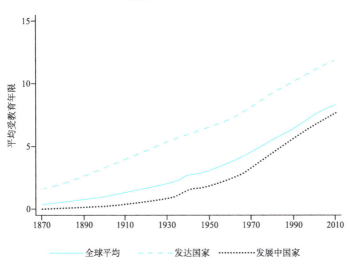

图 1.2.2 全球人口平均受教育年限变化图（1870—2010 年）

来源：Lee & Lee（2016）

教科文组织统计研究所数据公示，2020 年世界成人总体识字率已达到 87%。在教育扩张的同时，制度化的学校教育也引起了许多反思和批判的声音。

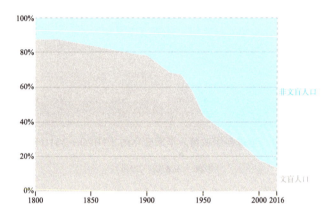

图 1.2.3　全球 15 岁以上文盲与非文盲人口比例变化图（1800—2016 年）

来源：OECD（2014），UNESCO（1972），Carr-Hill & Pessoa（2008），
UNESCO Institute for Statistic（2013）

（一）19 世纪末—20 世纪 50 年代：传统教育危机与实用主义教育理论

19 世纪末到 20 世纪初，美国工业化和城市化进程加速，现代化全面地冲击了美国社会：贫富差距逐渐拉大，阶层对立日益严重，政治腐败蔓延，社会逐渐走向原子化、分裂化……社会生活的剧烈变动对学校教育提出了新的要求，旧

的传统教育与社会变化不相适应，在这一时代背景下，杜威作为教育"救星论"（程天君，2017）的代表人物，提出了实用主义教育思想，这一教育思想在 20 世纪前半个世纪几乎统治了教育舞台。他认为学校需要改革以应对现代化进程中文化基础与社会关系的动荡。"一切教育改革的主要目的都是为了重新调整现行学校机构及其方法，使其适应社会和知识环境的总体变化。"（杜威，2012）他的观点对美国以及世界上许多国家的学校教育产生了广泛而深刻的影响。

杜威在全国教育联合会会议上发表了题为"学校是社会的核心"（The School as Social Center）的讲演（杜威，1902）。他梳理了学校的演化历史：古典时代—中世纪—现代。起初并没有作为独立机构的学校，教育过程在家庭和社区生活中自然进行。随着教育目的和手段不断拓展，社会需要独立的教育组织与制度，由此古典时代发展出了柏拉图派、斯多葛派、伊壁鸠鲁派等哲学流派。这些学派强调探索真理，提供了固定的教学场所，设定了一套有体系的、连续的课程。到了中世纪，学校作为教会工作的一个部分。直到现代社会政教分离，国家成为学校教育机构的支持力量，现代类型的公立学校逐渐成形。由国家推动的公立学校的使命是为国家培养合格公民。国家力量对教育领域的控制导致制度化的学校管理模式与更自由、更多样化、更灵活的社会交往模式的某种分离，因此杜威提出学校成为社会的中心，使其与社会各方面广泛地联系起来。传统教育中孩子的品格、责任感、纪律性的养成都是在社区与家庭生活过程中自然习得的，然而处于现代化进程中的社会状况发生了剧烈变动，现代教育的职能从家庭转移到了学校。但是，学校是一个人为的组织，而不是自然的社会单位。学校教育与社会之间出现了严重的脱节问题，教育与学校之外的日常生活有极大的隔膜。针对这一问题的出现，杜威认为学校必须进行民主主义改造。如果要实现民主社会，学校就负有培养和发展儿童的共同体精神或民主精神的责任，那么它就要首先成为一个共同体组织。

在杜威看来，一个具有民主共同体之特征的学校，即在结构与过程上都按照民主的方式组织的学校可以促进价值与知识的整合性发展。学校与社会存在有机联系，是一个有目的的社会组织（饶舒琪，安然，2012）。杜威指出，传统教育许多方面的失败，就是由于它忽视了把学校作为社会生活的一种形式这个基本原则。他强调学校生活应当成为一个小型的雏形社会，成为社会生活的简化版，具有社会生活的全部含义，以便学生为将来的社会生活做准备。杜威主张让学生参与社会生活，并不是要让学校"仿效"或"再生"校外的社会生活。"为社会生活做准备的唯一途径是参与社会生活。"（杜威，2003）

在实践层面，杜威提出了很多改革方案。最可见的成果就是杜威在芝加哥大学创办的实验学校，促使人们重新审视和研究学校的组织、形式以及与社会的关系问题，试图建立适应现代社会发展的现代学校（郭法奇，郑坚等，2017）。杜威的实验学校改革，彰显了他的主张，即学校成为社会的中心，及时跟进社会变化与发展，并做出相应的反应与改变。

以杜威为代表的实用主义教育思想是 20 世纪初最系统、最完整的教育理论体系，强调教育与生活、学校与社会的联系，是对以主知主义教育思想为标志的"传统教育"的反叛，也是"现代教育"派理论的重要组成部分。克伯屈是实用主义的忠实拥护者，他批判传统教育与社会之间的疏离隔膜，认为学校生活应当是社会生活的反映和优选，学校必须对社会起到建设性的作用。"学校与社会严重脱离，被囿于一个孤零零的房子里，与世隔绝，只有学科和书本，没有思想，没有生活，也不考虑学校中所要学的东西同外界的联系。这里什么都有，就是没有青年将要从事的实际社会生活。"（Kilpatrick，1932）

1929 年资本主义世界经济危机爆发之后，社会矛盾愈加尖锐，失业工人罢工，贫富差距拉大，犯罪高发，美国的资本主义制度受到了冲击，实用主义教育思想同时也受到了激烈的批评。在这一背景下，一些教育家提出了改造主义教育思想——从"进步教育"和实用主义教育思想中逐步分化发展，到 50 年代后，成为独立的教育思潮。作为改造主义理论的先锋，康茨于 1932 年作了三次著名演说，并将其内容集结为《学校敢于建立一个新的社会秩序吗》一书出版。他认为进步主义教育要达到真正的进步就必须积极解决现实问题，建构令人信服的人类命运图景。而教育者应当承担更为困难的任务，成为社会的改革者。改造主义由此发轫并蓬勃发展（理查德·D. 范斯科德等，1984）。"改造主义"教育学家强调学校教育必须承担起社会处于"危机时代"的使命，成为"社会改造"的工具和手段，并提出一种以"社会问题"为中心的课程论。他们要求学校教育通过培养学生对社会新秩序的忠诚来为创建一个更"平等"的社会开辟道路。这是继实用主义教育思想后，教育家们对学校与社会的关系的探讨和认知再次深化的成果。

（二）20世纪60—70年代：世界教育危机与"学校消亡论"

1968年联合国教科文组织国际教育规划研究所首任所长菲利普·库姆斯（Philip H. Coombs）在其著作《世界教育危机：系统分析》（*The World Educational Crisis: A System Analysis*）中指出当今世界经历了一次教育危机。这场危机来自第二次世界大战结束后世界范围内科学技术、政治经济、人口和社会结构发生的巨大变化，而教育体制适应这一切变化的速度太慢，以至于教育体制与周围环境产生了各种形式的不平衡（Coombs，1968）。这些不平衡包括"日益过时的陈旧课程内容与知识增长及学生现实学习需求之间的不平衡，教育与社会发展需求之间的不相适应，教育与就业之间的不平衡以及社会各阶层之间的严重教育不平等"（Coombs，1968）。而要解决教育体制中存在的脱节问题，库姆斯认为光凭教育家是无力改变的，"因为整个社会和经济都面临危机，而不仅仅是教育本身"（Coombs，1968）。同时，他认为延长教育年限的做法不仅无法应对瞬息万变的时代，而且与适应多样化的学习者和学习需求背道而驰。一味追求提高各级教育的入学率造成了教育质量的下降。库姆斯尤其强调"非正规教育"（informal education）和"非正式教育"（non-formal education）的作用，认为解决危机应当要求"教育与社会大力协作，共同调整和适应"。

库姆斯的书震动了国际教育界，因为这时人们普遍对教育抱有极大期待，认为这是一项奋斗目标，是保障人民生活、消除社会不平等的重要措施。库姆斯认为教育危机本质是教育体制与社会环境之间的不平衡，因此他对于教育体制抱有改良的期待，而进入 20 世纪 70 年代出现的"学校消亡论"则以更加激进的观点强烈批判学校和教育体制。1971年有四部反思学校教育的作品出版，分别是伊万·伊利奇（Ivan D. Illich）的《去学校化社会》（*Deschooling Society*）、埃弗雷特·赖默（Everett Reimer）的《学校已死》（*School is Dead*）、保罗·古德曼（Paul Goodman）的《错误的义务教育》（*Compulsory Miseducation*）和约翰·霍尔特（John Holt）的《失败的学校》（*The Underachieving School*）。他们作为"学校消亡论"思想的代表，从根本上批判现代学校教育制度并要求彻底改革。这股反对学校教育的思潮主要从三个方面进行批判。

第一，他们直击学校教育制度的合法性，认为学习本是在遇到现实问题时自然而然发生的，但是学校制度化带来的专门化使得学习局限于教室空间和师生关系之间，学生缺乏真实生活的经验，导致学习的结果脱离生活（Riemer，1971）。第二，他们批判学校对于教育权利和资源的垄断性剥夺了学生自主学习的权利、欲望和能力（吴康宁，2017）。这种垄断排斥其他教育形式，教育被异化为可供学校出售的社会服务以及具体产品。因此在这种垄断的基础上，教育的本质是社会阶层的再生产，追求教育公平其实是一场幻象。伊利奇认为，"学校系统构建了一个虚幻的等级系统，驱使家长和学生们耗费巨资以追求更高阶段的学校教育，让越来越多的公共资金被用于少数人的教育，同时使大多数人被迫接受更多的社会控制"（伊利奇，2017）。第三，学校教育通过"隐蔽课程"（hidden curriculum）实施对人的压迫和异化，完全背离了人的自由发展。隐蔽课程是指体现某个垄断集团的某种价值观念的教育制度和机构，比如考试制度告诉人们：只有学校教育才能为青少年成长为社会的成人做准备；班级授课制度传达着权威与服从的师生关系等等（季苹，1997；郑金洲，吕洪波，1990）。

在对学校猛烈抨击之后，教育该往何处去呢？伊利奇认为应当进行教育制度的彻底变革，打破学校的法定垄断地位，建构去学校化社会，以各种"学习网络"（learning webs）来代替现行的学习制度，包括四个"子网络"，教育物品查询服务（reference services to educational objects）网络、技能交换（skill exchanges）网络、伙伴选配（peer matching）网络和广义教育者查询服务（reference service to educators-at-large）网络（伊利奇，2017；吴康宁，2017）。这种学习网络的意义在于把各种学习资源置于学习者的主动控制之下，强调社会成员自我教育的责任。学习网络为学生提供了新的与世界联系的方式，既承认社会上其他有关机构潜在的教育性质，又承认所有技术性工作中所固有的可用于教学的内容（郑金洲，吕洪波，1990）。同样批判学校教育的约翰·霍尔特提出了"非学校化"（unschooling）的概念，相比伊利奇的"去学校化"带有明显的改良主义倾向。霍尔特认为废除学校的观点不切实际，需要废除的不是学校，而是学校的强制性，因此尽可能地消除学校的强制性可以作为一种可行的教育改革方法。"非学校化"教育不反对课程，但反对标准化的课程；不反对学习进度，但反对人为地设定学习进度；不反对教师，但反对以教师为中心（王佳佳，韦珠，2019）。他倡导的"在家学习"（homeschooling）是实现"非学校化"教育的方式。为此，他出版了《自己教孩子》（*Teach Your Own*）和《让孩子自然快乐地学习》（*Learning All the Time*）作为实施"非学校化"教育的行动纲领。在他的影响下，二十世纪七八十年代的美国兴起了儿童在家学习的潮流。与霍尔特将家庭作为教育主体的观点不同，古德曼认为目前的社会也不能提供恰当的教育，许多人的家庭比学校更糟，城市的街道也不是理想的教育场所。他提出的解决方式是非学校化和自由选择。前者提出了建立一种以社区为基础的多重性教育机构，让社会成为一个大学校；后者是让年轻人发挥主动性，在学术轨道之外开放多种渠道，在自由选择的情况下受教育（周采，1997）。古德曼的教育主张对 20 世纪 70 年代美国的开放教育运动、自由学校运动产生了重要影响。

（三）20 世纪 80—90 年代：新的教育危机与终身教育、全民教育

上述批判并未阻碍学校教育发展的脚步。根据联合国教科文组织统计局数据，越来越多的人在学校受教育。全世界的小学生毛入学率从 1970 年的 88% 上升到 1980 年的 96%，中等

教育毛入学率从 1970 年的 40% 上升到 1980 年的 49.5%。但那些批判帮助公众认识到学校教育存在的弊端和不足，并以更包容开阔的思路来看待教育。联合国教科文组织 1972 年发布的报告《学会生存：教育世界的今天和明天》（*Learning to be: The world of education today and tomorrow*）（也称为"富尔报告"，Faure Report）特别强调"学习化社会"和"终身教育"两个基本观念，认为传统社会的"一次性学习时代"已经宣告结束，人们只有不断学习才能适应科学技术革命所带来的生产和社会的变革（Faure et al，1972）。教育的目标是培养"完人"（the Complete Man），使人日臻完善，在体力、智力、情感和道德方面都得到充分发展，使人成为"真正的自己"，这是"学会生存"的基本含义（Faure et al，1972）。这份报告认为学校依然是传播系统性知识的基本途径，但是将社会机构、工作环境、休闲、媒体等社会生活的其他方面补充进来，教育广泛地存在于学校以外的社会生活各个领域。报告提出我们正在走向"学习化社会"，教育和学习已经不限于学校，这意味着开放的教育体系、灵活的教育方式、民主的教育管理、多样的教育选择，正规教育与非正规教育、普通教育与职业教育、学校教育与社会教育的有机统一（李兴洲，耿悦，2017）。可以说，《学会生存》与"学校消亡论"的区别不在于对学校教育制度的批判与辩护，而是在于宣布"学校弊端应当消亡"还是"学校应当消亡"（项贤明，2019）。

《学会生存》对于终身教育和学习化社会的倡导在当时来看过于理想和乐观。20 世纪 70 年代之后的世界经历了石油危机和经济衰退，在社会经济发展受阻的时代，教育不是解决所有社会问题的灵丹妙药。与此同时，教育改革和教育创新面临着巨大的困难，精英主义的教育理念根深蒂固，而报告期望通过双边和多边国际援助来缩小全球教育差距的想法也被证明不切实际（徐辉，李薇，2012）。带着对教育的种种失望，全球进入了 20 世纪 80 年代，关于世界教育危机的讨论仍在继续。库姆斯在 1985 年出版了《世界教育危机——80 年代的观点》（*The World Crisis in Education: The View from the Eighties*）作为《世界教育危机：系统分析》一书的续篇。库姆斯认为由于教育系统与迅速变化的周围世界之间日益加剧的不协调，旧的危机更加严重，并且又产生了新的危机（蓝建，2003）。20 世纪 70 年代以来，所有发达国家和大多数发展中国家过去 20 年的教育大发展开始减速，乃至停滞不前。新的教育危机具体体现在三个方面：教育费用不断上涨而教育的财政预算却无法跟上；知识分子从过去的短缺转为过剩，教育供给与就业需求之间出现种种不平衡和失调；在质量、性别、社会阶层方面体现的教育不平等仍然在延续（库姆斯，2001）。可以说，库姆斯指出的80年代新的教育危机仍然在他20年前提出的"变化、适应、不均衡"的框架内，只是在经济衰退背景下，教育所面临的经费短缺、人才失业、延续社会不平等的危机暴露得更加彻底。教育既是弥合社会分化和差异的一种手段，同时也是造成社会分化和差异的原因，教育危机本质上是全球的社会不平等。纵观当时的全球教育发展，发展中国家的教育不容乐观，全球仍有1亿多儿童——包括6000多万女童没有接受初等教育的机会，9.6亿成年人属于文盲。这个严峻的现实提醒我们教育发展应当是全球性的事业，发展中国家的教育发展不容忽视。

库姆斯提出的世界教育危机其实反映了两个方面。在应对教育与社会发展不均衡这一危机上，1972年《学会生存》提出的倡议仍然没有过时，"终身教育"和"学习化社会"都强调教育与社会之间的密切联系；但是全球不平等加剧的背景下，在应对发展中国家教育落后的现实问题上，倡导终身教育和学习化社会则有些不切实际，最根本的方案还是要扩大人们受教育的机会。1990 年由联合国教科文组织、联合国儿童基金会、联合国开发计划署，以及世界银行联合发起召开了"世界全民教育大会"（World Conference for Education for All）。大会的核心主张认为，应该满足每一个儿童、青少年和成人的基本学习需求，以帮助人们获得生存和发展的能力，并有尊严地生活和工作。为此，大会确定了 2000 年的全民教育中期目标，包括扩大幼儿期的养育和发展活动、提高学习效果、普及和完成初等教育、降低成人文盲率等等。从终身教育到全民教育，教育的界限在时间和空间上都被大大拓宽了，教育不局限于教室和学校、特定年龄段以及等级制的师生关系，并且强调所有人接受教育的权利和机会，以人的发展为本（黄志成，2003）。这个变化在于从为社会培养人，转变为教育人如何在一个变革的社会中承担人的责任和义务。这些理念本身就是对现代社会中以学校为中心的教育体制做的一个彻底变革，实际上它呼唤着的是一场深刻、全面的社会变革（沈俊强，2009）。

1996 年，联合国教科文组织出版了《教育：内在的财富》（*Learning: The treasure within*）（也称"德洛尔报告"，Delors Report），再次确认了学习型社会的全民终身学习和社会以教育为中心的基本思想，提出了学习的四大支柱：学会认知、学会做事、学会做人、学会共存（Delors et al., 1996）。报告认为，教育处于社会的核心位置，应当加强各种教育环境之间的互补关系。"教育已成为所有人的事情。它涉及全体公民，公民们今后都是学校施行教育的积极参与者，而不仅仅是被动的享受者。由于毫不犹豫地把非正规教育与正规教育结合起来，教育已成为社会的经常性生产任务，全社会都应对教育负责，社会才能面目一新"（Delors et al., 1996）。因此，需要建立终身教育制度和提高学习者参与终身学习的能力（朱敏，高志敏，2014）。

（四）21 世纪：教育质量危机与未来学校

自 1990 年世界全民教育大会以来，各国政府都大力扩大教育机会。然而，教育规模的扩大并不意味着教育质量的提高。2000 年世界教育论坛在达喀尔举办，会议通过的《全民教育行动纲领》明确提出了全民教育的六个目标，并首次将教育质量列入全民教育的目标中。2005 年，联合国教科文组织发布《2005 全民教育全球监测报告：提高质量势在必行》，审查了达喀尔会议六项目标的进展情况，并更深入地注意到各项质量指标，提出了理解教育质量的认识框架，包括学习者的特点、社会背景、投入、教与学、成果五大要素（UNESCO，2005；温从雷，王晓瑜，2006）。在这个框架下，教育质量已经不仅仅局限于课堂中的讲授、学习和练习，而是包括了整体的学校办学模式乃至整个社会和国家的教育体系与制度。这是提高教育质量更加全面的思路（项贤明，2005）。2014 年联合国教科文组织第 11 次发布了全民教育全球监测报告——《教学与学习：实现高质量全民教育》，指出全球有 2.5 亿名小学适龄儿童——无论上学与否，都没有学会基本的读写和计算技能，其代价相当于 1290 亿美元，约合全球初等教育支出总额的 10%（UNESCO，2014）。报告认为要化解这场学习危机，必须将教学质量列为国家优先事项，让足够的教师走进课堂（UNESCO，2014）。《2018 年世界发展报告：学习以实现教育的承诺》（*World Development Report 2018：Learning to Realize Education's Promise*），再一次指出全球教育面临学习危机，各地区普遍进步的入学率并未转化成学生们优质的学习体验和令人满意的学业结果，由此带来的后果是中低收入国家有亿万青少年学生将面临在成年后失业和低收入的局面（World Bank，2018）。该报告认为，上学并不等于学习，学生即使在学校里也并不意味着他们在获取知识，有效学习。如果教育系统不能提供高质量的教学和学习，那么不仅浪费了数量可观的人力资本财富，更令人担忧的是直接加深了社会不公，增加影响社会的不确定因素（刘骥，2018）。

学校教育的质量问题持续成为 21 世纪教育的关注重点，但是随着互联网、在线远程教育、慕课的兴起，对于学校形态的畅想也从未停止，创新形态的学校也许能够为解决学习危机提供方案。经合组织 2001 年发布了《未来学校是什么样的？》（What Schools for the Future?），按照现状的外推（Status quo extrapolated）、再学校化（Re-schooling）、去学校化（De-schooling）三个方面提出了六种未来教育的图景，包括：健全的学校管理体系（Robust bureaucratic school systems）、扩展市场模式（Extending the market model）、学校作为核心的社会中心（School as core social centers）、学校作为集中的学习组织（Schools as focused learning organizations）、学习者网络和网络社会（Learner networks and the network society）、教师逃离——崩溃的图景（Teacher exodus—the meltdown scenario）（见 表 1.2.1）（OECD，2001）。2020 年 OECD 发布《回到教育的未来：经合组织关于学校教育的四种图景》（Back to the Future of Education: Four OECD Scenarios for Schooling）报告，这一报告面向未来 20 年，将未来教育更新为四种图景，这四种未来学校教育图景具体为：学校教育扩展（Schooling extended）、教育外包（Education outsourced）、学校作为学习中心（Schools as learning hubs）、无边界学习（Learnas-you-go）（如图 1.2.4 所示）（OECD，2020）。在"无边界学习"图景中，人工智能、虚拟现实和增强现实以及物联网的快速发展使得"免费"的学习机会随处可见，这标志着现有课程结构的衰落和学校体系的瓦解（OECD，2020）。

表 1.2.1　OECD 组织在 2001 年发布的未来教育图景

现状的外推 Status quo extrapolated	再学校化 Re-schooling	去学校化 De-schooling
图景 1 健全的学校管理体系 Robust bureaucratic school systems	图景 3 学校作为核心的社会中心 School as core social centers	图景 5 学习者网络和网络社会 Learner networks and the network society
图景 2 扩展市场模式 Extending the market model	图景 4 学校作为集中的学习组织 Schools as focused learning organizations	图景 6 教师逃离——崩溃的图景 Teacher exodus—the meltdown scenario

来源：OECD（2001）

图景 1	图景 2	图景 3	图景 4
学校教育扩展	教育外包	学校作为学习中心	无边界学习

图 1.2.4　OECD 组织在 2020 年发布的未来教育图景

来源：OECD（2020）

从 OECD 的未来学校图景中，可以看到，教育的边界在不断扩展，学校从一种制度化的封闭的教育体系逐渐开放，并容纳进社会各界的参与者，学习资源和教学者都不仅仅局限在学校，学习本身可以在生活环境和社会环境中自然而然发生。

（五）危机破局：学校与社会的互动

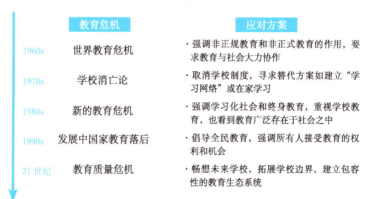

图 1.2.5　过去 50 年以来的教育危机及应对方案

来源：Coombs（1968），Faure et al.（1972），库姆斯（2001），OECD（2020），UNESCO（2014），伊利奇（2017）

杜威强调学校应当成为社会生活的中心。他提出的实用主义教育理论与在实验学校上的教育实践促使学校与社会的联系与协同问题成为教育领域的核心问题之一。第二次世界大战以来的教育大发展和教育危机（如图 1.2.5 所示），从"消除学校"到在家学习再到未来学校，从终身教育到学习化社会再到全民教育，从注重教育机会到重视教育质量，教育理念和教育改革的方向在变化中不断发展，但不变的是教育与周围环境的互动关系，本质上就是学校与社会的互动。2015 年联合国教科文组织发布的《反思教育：向"全球共同利益"的理念转变》（*Rethinking Education: Towards a Global Common Good*）特别强调教育和社会之间的互动关系，并提到教育格局的变化。实际上，正规教育、非正规教育与非正式教育三者之间的互动，就体现了教育与社会之间不同程度的联结。正规教育和非正规教育都是有计划、有意识、有目的和有组织的学习，意味着一定程度的制度化。非正式教育则是以自我指导、家庭指导或社会指导为基础，包括发生在工作场所、地方社区和日常生活中的学习活动。报告认为目前的发展趋势是从传统教育机构，转向混合、多样化和复杂的学习格局，在这当中，我们需要让非正规和非正式学习空间与正规教育机构相互影响，并相互补充（UNESCO，2015）。

在学校和社会互动的框架下，我们就可以理解为什么学界和国际组织从未停止讨论教育危机。教育危机无论新旧之分，都是学校与社会之间出现了发展不协调、不平衡的问题，原因就是学校与社会之间存在的种种壁垒。这些壁垒或是因为学校教育制度过于封闭和专门化，或是因为教育成了筛选精英的工具，或是因为全民教育和终身教育未能在学校之外生根发芽，使得教育和学习局限于学校。因此，想要破局只有打破学校和社会之间的壁垒，让学校之外的相关利益群体如政府、家庭、企业、社会组织等等，共同协作参与到教育发展中来，建立包容性的教育生态系统。

第二章

Chapter 2

模式与探索：
教育协同创新的国际经验与路径

一、教育生态学理论与研究框架

今日的学校已经不再被视为一个与世隔绝的象牙塔，而越来越被看作是一个开放的系统。学校与其所处的环境存在着诸多复杂的横向联系，同时与不同层级的教育参与者之间也存在许多互动关系。教育生态学理论为我们理解学校与其他教育者的关系提供了崭新的视角和有益的启发。

20世纪，随着生态学的发展与完善，社会科学领域采纳了许多生态学的概念，由此促成了教育生态学的产生和发展（范国睿，2000：3-8）。1976年，美国教育学家克雷明（Lawrence Archur Cremin）正式提出"教育生态学"这一术语。克雷明在其所著《公共教育》（*Public Education*）一书中提出，教育生态学（Ecology of Education）的方法认为"教育机构和教育格局[1]之

---

[1] "教育格局"（或译为"教育结构"）是指由学校、家庭、教会、工厂等诸多能够进行教育的个体和机构所组成的总体结构。在这一总体结构中，每个机构都与其他机构相互作用，并且与社会互动。克雷明进一步指出，每一个个体都会以不同的方式与既定的教育格局（或教育结构）互动。

间是互相联系的，并且与支撑、影响它们的社会有联系"。公立学校并非单独或孤立地发挥作用，而是与家庭、教堂、主日学校等其他机构共同对公众进行教育和影响。教育生态学的要点在于指出教育情形的范围和复杂性（克雷明，2016：20-29）。

1979 年，心理学家布朗芬布伦纳（Urie Bronfenbrenner）则从个体成长发展的角度提出人类发展生态学理论。该理论认为，个体发展与周围环境之间相互联系，构成了人类生态系统（如图 2.1.1）。人类生态系统包含微观系统（Microsystem）、中观系统(Mesosystem)、外部系统(Exosystem) 以及宏观系统（Macrosystem）。在微观系统中，个体与家庭、学校、同龄人、社区、宗教团体、健康中心等角色相互作用。中介系统强调在微观系统中不同要素之间的互动，如家庭和学校之间的互动。外部系统包含不直接与个体互动，但却对个体产生影响的因素，如当地的教育主管部门、社交媒体、当地的社会福利服务、法制监管部门等。宏观系统则指代历史、社会经济和文化背景（Bronfenbrenner，1979；Hodgson & Spours，2015）。

简单来说，教育生态学以教育与生态环境的关系，以

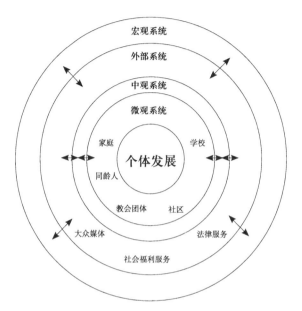

图 2.1.1　布朗芬布伦纳的人类生态系统图

来源：Ann Hodgson & Ken Spours（2015）

及教育生态系统为研究对象（邓小泉，杜成宪，2009），认为不同的行动者（actors）都在一个广阔的系统中彼此联系，任何行动者的引入、扩展、减少和消亡都会影响整体系统的平衡（Bray & Kobakhidze，2015）。在运用教育生态学的理念方面，有学者从教育中的家庭参与入手，探讨父母的行动和参与如何影响学校生态（Barton，Drake & Perez，2004），也有学者从知识体系（Knowledge Systems）构建的角度入手，探讨学校—家庭—社区的生态系统对可持续的知识体系（Knowledge Systems for Sustainable Development）的作用（Wensing & Torre，2009）。

2008 年，世界经合组织（OECD）教育研究与创新中心开启了"创新型学习环境"项目（Innovative Learning Environments，ILE）。该项目围绕青少年的学习行为，探究学习行为本身，对促进学习的条件和环境进行了长时间、大规模、全面性的探究。该项研究提出了"学习生态系统"的概念，指不同提供者和机构之间互相依存形成组合。随着时间变化，提供者和机构的组合方式也会变化，与学习者产生不同的关系（OECD，2013）。

在 ILE 项目出版的第一本报告——《创新型学习环境》（*Innovative Learning Environments*）中，OECD 从微观层面考察学习生态系统（Learning Ecosystems），提出学习环境（Learning Environments）的四要素是：学习者（Learners）、教学者（Educators）、内容（Content) 和资源（Resources）。学习者不仅包括青少年学习者和线下教室内的学习者，也包括作为学习者的家长以及远程学习者。教学者指的是教师。教师方面的创新体现在教师含义的扩充。除了受过专业培训的职业教师外，还可以由志愿者、相关领域专家、同龄人等有能力进行教学的人担任教师。内容指学习内容，包括知识、能力与价值观。除了一般意义上的课本知识外，在内容方面的创新包括综合能力素养的学习、可持续学习、跨学科学习等。资源一般指学习使用的物质资源，如教室、教具等基础设施。而资源上的创新可以是数字资源的利用或者学习空间上的创新使用和拓展 (OECD, 2013)。在学习者、教学者、内容、资源四项基本要素的基础上，动力系统（Innovating Dynamics）推动要素运作和交互方式产生变化。要素与动力系统构成了学习环境的"教学内核"（Pedagogical Core）。该报告同时强调现代的学习环境不是孤立存在的，而要与高等教育机构、家庭、社区、企业等形成合作伙伴关系，促进学习环境的可持续发展与创新 (OECD, 2013)。

2017 年，OECD 的报告——《城市与地区创新交点上的学校》（*Schools at the crossroads of innovation in cities and regions*）再次从教育生态学的角度探讨创新、教育与学习。报告指出，学习在多样化的社会环境中发生，这些环境既包括学校，也包括家庭、社区、工作场所，学校在其中是主力机构（anchor institutions）(OECD, 2017)。除了 OECD 的报告外，世界银行在《2018 年世界发展报告：学习以实现教育的承诺》中，以"全球学习危机"为主题，指出"上学和学习是两码事"。学生准备不足、教师技能缺乏、教育资源不能落实至一线教学、学校管理能力较弱等问题导致学习者的学习效果微乎其微、学习进步极其缓慢。针对以上问题，世界银行从系统论的角度出发，强调解决"学习危机"需要协调教育体系中全体行动者（包含政治家、私人部门、官僚机构、国际行动者、法律机构、社区、公民社会中的组织和其他行动者）。世界银行对于教育体系的分析印证了良好的教育生态在提升学习效果方面具有不可或缺的作用（World Bank，2018）。

结合教育生态学的理论与学术界和国际组织的研究，本书将教育生态系统分为内部系统和外部系统（如图 2.1.2）。内部系统以学校为主要载体，以学习者、教学者、资源和内容为主要元素，学校内部主要元素的创新和互动形成微观层面的"教学内核"。在内部系统中，学校本身可以视为一个相对封闭的"内循环"系统，保障学习者之间、学习者与教学者之间的互动和联系，提供丰富的资源和内容，能够创造一个稳定的学习环境。外部系统关注学校之外的其他教育者的各自功能与互动关系，形成"外循环"，包括家庭教育和社会教育。家庭教育的主要承担者是家长，主要涉及的是未成年阶段的学习和成长；社会教育则包括了企业、社会组织、其他公共服务机构等社会参与者。在终身学习的概念下，学习的边界不断拓展，"内循环"与"外循环"应当是双向互动的关系，学校教育与家庭教育和社会教育有机结合起来，重构学习者之间以及学习者与教学者之间的关系，引入更多的资源和内容以适应不同的社会场景。只有内外循环中的各方协同创新，才能实现教育与社会的可持续发展。

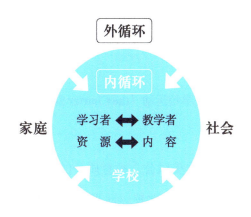

图 2.1.2　教育生态系统分析框架图

来源：Ann Hodgson & Ken Spours（2015）；OECD（2013）

二、从现在到未来：国外教育创新的案例解析

基于教育生态系统和"教学内核"的理论框架，本章搜索和分析了全球多国社会参与教育创新的案例。这些案例既涉及学校，也涉及教育生态系统中的其他教育者。运用上述理论框架，本章着重分析案例中的学校与其他教育者在学习者、教学者、资源和内容上的协作与创新，重点关注案例中教育者的合作与组织形式、案例的实施效果评估，最后总结案例所蕴含的特点和共性，尝试为中国的教育协同创新寻找可借鉴的思路。

（一）美国特许学校运动（the Charter School Movement）

1. 项目概况

20世纪70年代美国公立教育质量的低下和家长择校需求的增长，是推动特许学校运动兴起的两大因素（Dalton，2016）。在择校需求方面，在此之前美国兴起过择校运动，部分州给予家长一定的择校自由，但可供选择的私立学校并不多，质量明显高出公立学校的更是凤毛麟角，运动整体

波澜不惊。在教育质量方面，1983 年，美国国家高质量教育委员会发表《国家在危急之中：教育改革势在必行》，指出美国教育质量的下降已严重地影响到美国整个国家的未来：高文盲率、倒退的标准化测试成绩以及来自用人单位的不满表明教育质量的恶化；美国学生在国际学生测试结果中表现落后（Gardner，1983）。早在该报告发表前，教育家雷·巴德（Ray Budde）于 1974 年首次提出通过"特许教育"（Education by Charter）给予教师更多教学自由以提高教学质量，但并未被广泛接受。1988 年，巴德再次发表特许形式的相关论述，得到了美国教师联盟主席尚克（Albert Shanker）的关注，并在明尼苏达州官员的推动下落地（Kolderie，2005；Walsh，2018）。1991 年，明尼苏达州通过第一部特许学校法，其后 10 年内加利福尼亚州、科罗拉多州等 38 个州相继推出特许学校法[1]。1994 年，美国颁布《2000 年目标：美国教育法》，正式在全国推行"特许学校计划"，此后特许学校数量激增，学生的择校范围进一步扩大。1998 年，《特许学校扩展法》细化了政府对学校的管理制度，规定政府向特许

[1] Center for Education Reform. National charter school laws across the states ranking & scorecard[EB/OL].[2021-06-10].https://edreform.com/issues/choice-charter-schools/laws-legislation/

学校提供资金支持，特许学校对教学安排拥有高度的自主权；政府通过授权机构定期对学校开展评估，奖励办学质量高的特许学校和取缔绩效差的特许学校。截至 2020 年 11 月，美国共有 44 个州出台了特许学校法，拥有逾 7500 所特许学校，在校生约 330 万人；2018—2019 学年，特许学校学生数约占公立学校学生总数的 6.5%[1]。

特许学校（Charter School）是一种新型学校模式，这类学校由政府资助，但受到与传统公立学校不同的约束，需要与授权机构签订合约完成特定的学业绩效目标，是集公立性、自主性、创新性为一体的一种办学模式（Vegari，2007；Ford and Ihrke，2015）。特许学校运动对美国基础教育产生了深远的影响。有研究发现，在学业表现上，特许学校提高了或至少保持了学生的学业成绩；而在实现教育公平这一目标上，特许学校招收的弱势群体学生比例明显高于公立学校，特许学校在消除教育中的种族歧视、保障残疾和贫困儿童的教育均等机会上也产生了积极作用（Nelson，2002）。

---

[1] National Alliance for Public Charter Schools. How Many Charter Schools and Students Are There? [EB/OL]. 2022-12-06. https://data.publiccharters.org/digest/charter-school-data-digest/how-many-charter-schools-and-students-are-there/

2. 学校与其他教育者的合作

与传统公立学校不同的是，特许学校需要向特定的授权机构（authorizing agencies）、其教师和学生负责，但不直接向地方政府部门负责（Hill，2001）。因此，在特许学校运动的发展过程中，政府和授权机构、学校、家庭等利益相关者扮演的角色与在传统公立学校中相比发生了变化。

特许学校法规定了特许学校的公立性，特许学校的经费来源于政府，教学结果需要向政府负责。但在实践中，大部分州政府不直接管理特许学校，而是向授权机构问责或与授权机构共同管理。这些授权机构的职责是公平、透明、严格地审查学校的特许申请，并进行持续的监督和评估。审查通过后，授权机构会与特许学校签订特许状，学校据此来开展业务并承担责任，其中的学业表现要求一般包括学业成就、学业发展、高等教育准备以及其他绩效考核办法。特许学校需要向授权机构提交公开的年度绩效报告和财务审计报告，并接受其定期的巡视督导。授权机构有权撤销未达到特许状所要求教学目标的特许学校，因此特许学校相较于公立学校需要对学生的学业表现负更多的责任。据斯坦福教育信息资源中心统计，每年约有 1/3 的特许学校通过开办申请，关闭率约为 3%~4%[1]（孔令帅，2019；Bulkley，2001）。

而学校更为关心的是如何针对特色的办学目标推行更加卓有成效的办学方式，兼顾经营绩效。一部分特许学校倾向于服务弱势群体，招收那些被传统公立学校拒之门外的学生，如少数族裔、有色人种、低收入家庭学生等。另一类规模较为庞大的特许学校追求更加卓越的学业绩效，在与授权机构签订协议时对学生的日常考核、课程安排、时间安排都做出了明确而严格的规定。

家长追求的是存在更多优质的学校，以选择契合自身教育理念的办学质量最高的学校环境。一方面，家长可以参与创建特许学校，如奥克兰的"精灵城中学"是一所由家长经营的特许学校，这些家长设立学校的宗旨是让孩子在远离暴力和毒品的环境下成长。另一方面，部分生源家庭更为富有的特许学校也依赖学生家庭的资助进行发展（Wells and Scott，2018）。有研究发现，特许学校中出现了一些吸引家长参与学生教育的创新策略，包括提供全面服务、激励和合约、利用技术宣传鼓励家长担任志愿者、让家长参与学校的管理决

[1]　Stanford University.Charter School Authorizing in California [EB/OL]. [2019-10-30] https://file.eric.ed.gov/fulltext/ED594596.pdf.htm

策过程等，这些策略提高了父母参与子女教育的自我效能感
（Smith et al.，2011）。

3. "教学内核"的创新

在资源方面，大量研究表明，尽管特许学校与公立学校一样根据学生数量从政府获得拨款（average per-pupil cost，APPC Approach），但特许学校的资金远不如公立学校充裕。根据全美公立特许学校联盟（National Alliance for Public Charter Schools）统计，在数据可得的 27 个州内，有 22 个州的特许学校生均经费低于公立学校[1]。这是由于州政府可以选择是否发放 100% 的生均经费，而特许学校政治上的独立性则使得他们在一些州不受政府欢迎。因此，特许学校通常转向企业、社会组织甚至家长寻求资助。其中，企业资助对缺乏经费来源以及初创的特许学校来说尤为重要。除接受企业提供的资助外，许多特许学校也与企业合作办学，让企业参与到学校管理层中。据亚利桑那州立大学统计，约 14%~19% 的特许学校引入企业办学，称为混合运营特许学校（hybrid schools）。据美国教育部统计，有 71% 的混合运营特许学校

---

[1]　National Alliance for Public Charter Schools. How Are Charter Schools Financed? [EB/OL]. 2022-12-06. https://data.publiccharters.org/digest/charter-school-data-digest/how-are-charter-schools-financed/

允许营利性企业参与学校管理，64% 允许企业参与教学课程设计。在资源的筹措和配置方面，有部分特许学校结成了联盟，以在学校间进行统一的管理、协调，服务于同样的目标。这类联盟中以非营利性特许学校管理组织（non-profit Charter School Management Organizations，CMOs，管理一类具有相同办学模式的特许学校）为主，随着时间的推移也发展出了营利性的组织模式（for-profit education management organizations，EMOs）。据统计，在 2014—2015 学年，这两类联盟覆盖了美国 44% 的特许学校（Roch，Sai，2018）。（Geheb and Owens，2019；Wells and Scott，2018）

教学内容的创新，是特许运动的核心。每所特许学校都有自己特色的办学目标，并为之设计相应的教学体系。部分特许学校的办学目标是为学生进入大学做准备，如遍布各州的 KIPP 学校（一类以"知识即是力量"作为口号的特许学校），学校课程基于标准严谨的大学预备课程进行设计，提供关于申请、SAT、奖学金的相关信息服务，统一使用 KIPP 基金会开发的标准课程材料，将英语和数学作为课程重点，形成了独有的高标准教学文化（杨莹莹，洪明，2020）。部分特许学校具有自己的学科特色，如：威斯康星州沃克沙 STEM

和沃克沙工程预备学校侧重 STEM 课程，为 5—14 岁学生开设基于项目学习的科学、技术、工程和数学整合课程，并提供大学工科专业所需的先修课程，培养学生的理工素养（唐琼一，2017）；Berkshire Arts and Technology Charter Public (BART) 学校以艺术媒体为办学方向，教学目标是培养具有创造性思维和技术技能的人才，开设更多音乐创作、设计和多媒体相关选修课（杨汉杰，2015）；Lehigh Valley Charter High School for the Performing Arts 学校为艺术类学校，开设戏剧、演唱、乐器、舞蹈等课程（Walsh，2018）。

　　教学者与学习者方面，许多特许学校的创始人都是原传统公立学校的教师，出于对教育的信念或对原有体系的不满而创建学校，他们既拥有一定的教学经验和教育声望，又有执着的教育理想和信念，从一定程度上保证了这些特许学校的卓越性。在教师的聘用和考核上，由于特许学校缺少州政府和工会管理的限制，他们可以针对教学需求采取更加灵活的、有成效的方式。而许多教师选择加入特许学校，是因为他们能够拥有更高的自治权，并与一群教学理念志同道合的人共事，尽管许多研究表明特许学校的教师整体工资水平更低、工作稳定性更差、工作时间更长（Malloy and Wohlstetter，2003；Roch&Sai，

2016）。在教师特点上，大量研究表明，特许学校的教师通常更加年轻、来自更好的高校，但也更加缺乏教学经验（Cannata and Penaloza，2012）。针对这一问题，许多 CMO 如 Aspire、KIPP、YES Prep 等，设置有专门的培训员定期对负责的各所学校进行培训和督察，在校内建立起了成熟的教师培训体系（Lake et al，2012）。学习者则能够针对自身情况选择适合自己的项目。在威斯康星州，纽斯特罗·孟多社区学校以英语和西班牙语浸润式教学为特点，受到拉美裔学生的欢迎；密尔沃基联合学校专为在传统公立学校里因受到过骚扰、恐吓或虐待而学业不佳的高中生开办（唐琼一，2017）。

4. 项目实施效果评估

对于特许学校效果评估的结论，尚存在争议。一方面，研究方法不断迭代更新，不同时期的研究结论不尽相同，主要经历了"快照"研究（Snapshot Studies）、随机实验研究（Lottery-based experimental Studies）、准实验研究（Quasi-experiment Studies）等过程。早期研究简单地将同一时期特许学校和传统公立学校的学生标准化测试成绩进行对比，忽视了学生自身特点的影响，如 2003 年美国全国教育进展评估（National Assessment of Education Progress）。随后发展出随机实验研究，观测随机分配中成功进入与未进入特定特许学校的学生入学后的表现差异，并据此得出特许学校学生表现更优的结论，如 2004—2009 年美国 Mathematica 政策研究所开展的追踪评估。但这一研究方法同样存在问题：它忽略了办学水平中下的特许学校，因为那些入学竞争激烈以至于会产生淘汰者的特许学校，其办学实力、生源质量原本就比其他学校更强。其后发展出的准实验研究中，美国斯坦福大学教育成果研究中心（Stanford Center for Research on Education Outcomes，CREDO）于 2009 年、2013 年开展的评估采取改进的"虚拟双胞胎法"，饱受瞩目，这种方法在特许学校和公立学校中寻找特征相近的个体进行比较，力求剔除非学校因素对个体学业表现带来的影响。随着研究的深入和细化，特许学校和传统公立学校间的比较也更加具体，往往划分性别、种族、贫困家庭等进行分类比较，研究结论难以趋同。但在促进教育公平这一点上，特许学校的表现则较为突出：CREDO2009 研究发现，特许学校中接受特殊教育学生和贫困学生的学业进步超过传统公立学校中的"双胞胎"；CREDO2013 研究发现，非裔、西班牙裔、贫困学生的学业增长以及整体的阅读成绩增长明显超过了公立学校的"双胞胎"（杭禹，2015；CREDO，2009，2013；Ackerman and Egalite，2017；Nelson et al，2003）。

另一方面，特许学校运动持续时间长、涉及学校数量多，其办学定位、质量、效果存在明显的异质性。前文中的 KIPP 等学校以培养学生进入大学为办学目标，这部分学校的办学理念更贴合传统的精英教育，但以招收弱势群体学生或由缺乏经验的家长办学为特点的学校学生表现则可能不尽如人意。而现有研究则大多以地域为单位进行（Winters，2012；Eberts and Hollenbeck，2002；Bifulco and Ladd，2007；Nocotera et al，2011；Buckley and Schneider，2005；Fryer，2011），样本内部的异质性使得研究呈现出不同的结果。部分研究表明特许学校在某些方面对提高学生的学业成绩表现有促进作用（Sarah，2018；Alpaslan et al，2018；Ayse et al，2016；Celeste，2012；Scott，2011；Zimmer et al，2009；Tim，2006；Richard and Ron，2005）。也有研究表明特许学校具有一些缺陷，如：实际上加剧了种族隔离问题（Frankenberg et al，2010；Rotberg，2014）、对家庭情况和学习成绩良好的学生没有积极影响（Gleason et al，2010）等；Davis and Raymond（2012）研究发现只有 19% 的特许学校表现高于平均水平。

由于特许学校兼具公立和私人的特性，其办学效率、商业化性质以及对社会教育公平的影响备受关注。在管理模式上，有研究发现与一般特许学校进行比较，营利性的特许学校联盟（EMOs）的学生基本技能明显优于其他学校学生（Toson，2011），但也有研究发现这种基本技能的提升是以牺牲复杂思维技能为前提的（Garcia，Barber，Molnar，2009）。此外EMO还在师资方面面临教师流动率较高、满意度较低等问题（Roch，Sai，2017，2018）。同时，具有商业化特征的EMO还面临着威胁教育公平的批评：不同规模的EMO之间弱势学生占比差异较大，具体表现为大型EMO特许学校中来自低收入家庭和少数族裔的学生比例远高于小型EMO（Lacireno-Paquet，2004）；有研究发现，EMO学校的选址过程与地区的族裔构成、失业率和人口学历结构等因素相关，这种营利性特许学校入学机会的空间差异可能会扩大教育机会不平等。

KIPP 特许学校联盟

KIPP 特许学校联盟，全称为"知识即是力量"项目（Knowledge is Power Program），1994 年成立于得克萨斯州休斯顿，是美国最大的公立特许学校网络。联盟的办学宗旨为"创建快乐的、学术优秀的学校，让学生具备技能和信心，去追求他们选择的道路——大学、职业生涯，甚至更远——使学生过上充实的生活，建立一个更加公正的世界"。目前，KIPP 联盟拥有 280 所特许学校，拥有超过10 万名在校生，校址主要分布在得克萨斯、纽约、堪萨斯、底特律、华盛顿等 30 个地区。每一所 KIPP 学校都由特许学校授权机构（通常是地区学校董事会、大学或州教育委员会）批准运营，以确保学校履行其特许状中的承诺，并符合相关的联邦、州和地方要求。

KIPP 学校属于非营利性公立特许学校，资金主要来自联邦、州和地方的公共资金，以及来自基金会和个人慈善捐款的补充资金。学校招生面向所有学生开放，但学生构成以少数族裔和有色人种为主，黑人和拉丁裔占比超过95%。作为免费申请的公立学校，在超额申请时采取抽签录取方式。

KIPP 教育模式采用了一种被称为"没有借口"（No Excuses）的方法，其主要特征包括对学生成绩和行为的高期望、大幅增加在校时间以及高选拔性的教师招聘流程

（Angrist et al., 2010）。KIPP 学校将帮助学生进入大学、确立职业作为主要目标，与 95 所大学建立起了广泛的合作网络。据统计，KIPP 学校毕业生比同等社会经济背景家庭中毕业于其他学校的学生，拥有更高的大学入学率和毕业率，并且在阅读和数学上表现出了显著的优势（Gleason et al., 2014）。

参考资料：

[1] Gleason, P. M., Tuttle, C. C., Gill, B., Nichols-Barrer, I., & Teh, B. R. (2014). Do KIPP schools boost student achievement?. Education Finance and Policy, 9(1), 36-58.

[2] Angrist, J. D., Dynarski, S. M., Kane, T. J., Pathak, P. A., & Walters, C. R. (2010). Inputs and impacts in charter schools: KIPP Lynn. American Economic Review, 100(2), 239-243.

[3] KIPP: Public Schools The Promise of a Fulfilling Life. [EB/OL]. 2023-02-18, https://www.kipp.org/wp-content/uploads/2021/01/Higher_Ed_Report_011421-full.pdf.

（二）美国 21 世纪社区学习中心计划（21st CCLC）

1. 项目概况

20 世纪 90 年代，随着越来越多的女性进入职场，青少年放学后缺乏照顾和监管的问题越来越严重。根据放学后联盟的调查，20 世纪 50 年代，约 56% 的美国家庭中有全职妈妈照顾子女的学习和生活。到了 90 年代，该比例降低到 25%（王洋，孙志远，2011）。美国中小学生的放学时间长期稳定在三点到四点间。根据"放学后联盟"（Afterschool Alliance）的统计，双职工家庭或单亲家庭的青少年平均每周有 7.3 个小时处于无人监护状态[1]。同时，美国少年司法和预防犯罪办公室的报告宣称，近1/5的青少年暴力犯罪都发生在下午3：00—7：00间[2]。

针对青少年放学后缺乏监管和照护的问题，20世纪90年代初期陆续出现由民间家庭服务机构、儿童看护中心、慈善服务中心等机构提供放学后的照看服务[3]。但这些机构一则无法系统而深入地解决青少年放学后缺乏监管的问题，二则缺乏正式的法律地位与充足的财政支持。1994年，克林顿政府颁布出台《2000年目标：美国教育法》，文件鼓励学校与社区合作，由学生、家庭以及社区成员共同参与学校改革。同年，国会批准实施21世纪社区学习中心计划[4]。1998年，联

---

[1] Afterschool Alliance. America After 3PM: National Report [EB/OL].(2014-11)[2023-03-23]. http://afterschoolalliance.org/documents/AA3PM-2014/AA3PM_National_Report.pdf.

[2] Office of Juvenile Justice and Delinquency Prevention. OJJDP Statistical Briefing Book[EB\OL]. (2006)[2023-03-23]. http://www.ojjdp.gov/ojstatbb/victims/qa02203.asp?qaDate=2001.

[3] Afterschool Alliance. Afterschool Programs Help Working Families [EB/OL]. (2017-11-23)[2023-03-23]. http://afterschoolalliance.org//documents/issue_briefs/issue_work_family_16.pdf.

[4] 21世纪社区学习中心计划由联邦政府出资实行，最初的目标是提供资金给各州的社区用以支持社区内儿童以及成人的继续教育和终身教育。因此要求学校向社区开放，不仅服务学前到高中阶段的学生，也服务社区内的成人。2002年，该计划被写进《不让一个孩子掉队》法案，计划目标转变为致力于通过各项活动和学业辅导来帮助儿童提高学业表现。

邦教育部发布了《改造薄弱学校：州和地方领导指南》的报告，强调社区的教育责任。报告发布后的一个月，联邦政府出资实行"21世纪社区学习中心计划"，建立学校和社区的伙伴关系（董秀兰，2009）。从1998年至今，美国联邦政府拨款一直是21世纪社区学习中心计划的重要资金来源。根据放学后联盟的统计，1998年联邦政府为该项目拨款4000万美元。2008年时，该项目的拨款超过10亿美元[1]。

至今为止，21世纪社区学习中心计划已经正式运行超过20年。联邦政府持续为各州提供项目执行资金，并对项目进行年度评估。根据2018—2019年的年度报告，21世纪社区学习中心计划为200万名低收入学生及其家庭提供了学习机会。根据2018年放学后联盟的统计，21世纪社区学习中心计划的重点服务对象是中小学生。按种族划分，拉美/西班牙裔的参与者占比36%，其次是白人参与者和非裔参与者。按地理位置划分，来自农村、乡镇、郊区的参与者占比达到59%（U.S. Department of Education，2020）。也就是说，该项目的主要受益者是社会经济地位相对处于弱势的学生及其家

---

[1] Afterschool Alliance. Building Literacy in Afterschool[EB/OL].(2015-03) [2023-03-23]. http://afterschoolalliance.org//documents/issue_briefs/issue_building_literacy_67.pdf.

庭。研究显示，21世纪社区学习中心计划有助于防止青少年犯罪、吸毒、使用暴力等不良行为的发生，可以帮助提高参与者学业成绩，改善参与者的行为习惯，并且加强了社区、学校和家庭的联系（U.S. Department of Education，2020）。

2. 学校与其他教育者的合作

在21世纪社区学习中心计划的执行过程中，联邦政府起到了确定发展目标、设计机制、宏观指导和资金支持的重要作用；而学校和社区是该计划的主要落实者；家庭则是项目的主要参与者，同时也通过缴纳一定费用支持项目运行。

21世纪社区学习中心计划的实施方法为：由美国教育部为州教育委员会分配资金，各州向联邦提交申请，说明资金使用方式、保障投入以及评估方案。在州教育委员会获得联邦拨款后，地方的公立学校以及其他公共和私营机构向教育委员会自主进行项目申报。教育委员会在评选后，自行决定是否向申报的组织提供三年至五年的补助金。该计划鼓励所有申请者与各类公共和私营机构合作，尽可能创造全面而高质量的课程 [1]。

---

[1] Afterschool Alliance. Afterschool: A Natural Platform for Career Development [EB/OL].(2004-08)[2023-03-23]. http://afterschoolalliance.org//documents/issue_briefs/issue_career_development_19.pdf.

学校是 21 世纪社区学习中心计划的主要实施者。根据 2018—2019 年度的年度报告，81% 的社区学习中心申报者为学区。而学区往往会将社区学习中心设立在学校（U.S. Department of Education，2020）。学校内良好的教室环境、多媒体环境和各项娱乐设施一方面为社区学习中心开展活动提供了丰富条件，另一方面也保证青少年在接受课外教育时的安全性（U.S. Department of Education，2020）。

社区与学校一同承担社区学习中心的建设。一方面，10% 的社区学习中心的申请者为社区组织（U.S. Department of Education，2020），社区组织直接承担学习中心的建设责任。另一方面，该项目要求申报者至少有一个社区伙伴提供的承诺书，以保证社区和学校的行动目标一致，从而使申请者可以充分利用社区资源帮助社区学习中心的运营。在项目运行过程中，社区内其他非营利组织会捐赠资金或其他物资以支持社区学习中心的开展（U.S. Department of Education，2020）。

家庭一方面是该项目的主要参与者和受益者，另一方面也通过缴费的方式支持该项目的发展。21 世纪社区学习中心计划在减轻家庭对孩子的照料负担之余，也为学生家长提供了有助于增进亲子互动的各项活动。除了联邦政府拨款外，学生家长的缴费也是重要的资金来源。具体的学费金额在各州有所不同。平均而言，年收入在 1 万美元以下的家庭需要每周缴纳 20 美元的学费，年收入在 1 万—1.5 万美元的家庭需要每周缴纳 25 美元的学费，年收入在 1.5 万—2 万美元的家庭需要每周缴纳 30 美元的学费。但有些州对家庭特别困难的学生也会实行学费减免。

3."教学内核"的创新

资源的创新一方面体现在资金分配管理制度的调整，即如何分配资源；一方面体现在资金效果的评估，即如何对资源的使用进行监控。

在资金分配制度上，在 1998 年 21 世纪社区学习中心项目实施之初，项目管理权限仅在联邦政府一级。由美国教育部直接接受各州的机构申请，并在联邦一级分配资金。然而，由于联邦政府缺乏对地方实际情况的了解，在项目筛选中产生了诸多问题。为了配合《不让一个孩子掉队法案》(No Child Left Behind Act)，并努力使项目管理与当地社区保持更多的联系，该项目的项目管理权限下移到州政府一级。这有助于州政府与资助机构更紧密地联系在一起，州政府直接进行项目筛选和管理更容易明确政府在项目中的角色和定位，有助于管理机构保持对地方情况追踪[1]。利用政府提供的最初资金，受助机构可以快速建立持久的组织基础设施，包括书籍、可重复使用的教具和其他材料、设备和计算机等。

虽然对 21 世纪社区学习中心计划的管理权限下放到了州一级，但联邦政府在 2003 年成立了"21 世纪社区学习中心计划简介和绩效信息收集系统"（the 21st CCLC Profile and Performance Information Collection System）。该系统由美国教育部资助，由各州定期录入 21 世纪学习中心的运营数据，并为联邦政府提供年度绩效报告。通过这种方式，联邦政府能更好地对资金使用的有效性进行评估和监管。

教学者的创新体现在不同类型的教学者汇聚在社区学习中心并承担教学任务。社区学习中心的教职员工中既有学校教师，也有大学生、社区工作者、其他社区成员（U.S. Department of Education，2020）。社区成员为学生提供课本知识以外的生活知识，有助于提高学生的生活技能。此外，在社区学习中心里，高年级学生和低年级学生组成学习小组，由高年级学生为低年级学生进行作业辅导：学生既是学习者，

---

[1]　Afterschool Alliance. Afterschool: A Natural Platform for Career Development [EB/OL].(2004-08)[2023-03-23]. http://afterschoolalliance.org//documents/issue_briefs/issue_career_development_19.pdf.

也是教学者。

在课程内容方面，社区学习中心提供两类活动。一类是家庭作业辅导、少数族裔学生英语辅导、药物和暴力预防活动，以及针对参与者家庭的家长参与和家庭文化建设活动。另一类是学科领域相关活动。社区学习中心在成立之初就对学生的阅读和数学格外重视，超过 90% 的活动中心提供阅读和数学课程。此外，社区学习中心也会提供文化艺术和音乐教育活动、科学教育活动等（U.S. Department of Education，2020）。一项由美国教育部政策和项目研究服务处发起、SRI 公司承担的项目统计评估结果表明，2006—2007 学年，超过 90% 的 CCLC 项目中心开展阅读和数学活动，学生在中心的时间主要分配在集体写作业（36%）和参加艺术娱乐活动（33%）两大方面（Penuel，McGhee，2010）。

4. 项目实施效果评估

自 CCLC 项目开始接受美国政府的资助以来，其资助经费规模快速增长。1998 年，联邦政府向美国 34 个州的 99 个社区学习中心拨款 4000 万美元，2002 年这一数字就增加到 10 亿美元，同时覆盖面扩大到全美各州的 1420 个社区的超过 100 万名青少年（Mahoney，Zigler，2006）。投入巨大的 CCLC 项目成效如何，受到了大量学者的关注，美国教育部和各级政府也组织开展了各类评估活动。但目前，对于 CCLC 项目的效果如何，还未达成统一的结论。

一项代表性研究是 2005 年美国教育部国家教育评估和地区援助中心（U.S. Department of Education National Center for Education Evaluation and Regional Assistance）发布的、由一批美国教育经济学实证评估专家完成的对 21 世纪社区学习中心计划的系统性评估报告（Burdumy et al., 2005）。这项研究划分为小学组和中学组。其中，小学组覆盖了 12 个校区的 26 个计划中心，对区域内的 2308 名学生进行了 2000—2003 年的追踪调查；中学组对来自全国的 4264 个 CCLC 代表性样本基于匹配方法进行研究。整体来说，评估结果表明参与项目提高了小学生放学后的安全感，但实验组中的学生并未在学业上取得更好的成绩，中学生实验组在课程缺席、故意损坏物品、吸食可卡因和致幻剂以及其他自我报告的消极行为等行为发展性指标上甚至出现明显劣于对照组学生的结果。

放学后联盟对 21 世纪社区学习中心计划进行了长期的追踪评估。评估结果显示，该计划促进了学校与社区之间通力合作，对参与者的学业、行为和情感等方面都产生了积极影响。该计划的一个主要目标是提供学业辅导以提高学生的数学和阅读能力。Fletcher 和 Padover 研究发现，在成绩较差的学生中，参加该项目的学生与未参加的学生相比，阅读和数学成绩提高了超过两倍。该计划还显著提高了参与者的出勤率，降低了留级率（Fletcher & Padover，2003）。Zhang 和 Byrd 等人研究发现，经常参加项目的学生在日常出勤、完成学业、纪律和亲社会行为上均有较好的表现和显著提升（Zhang & Byrd，2006；Zhang & Fleming，2004）。放学后联盟的评估发现，参与者中 47.2% 的小学生和中学生在数学成绩上有所提高；25.5% 的小学生在阅读成绩上有所改善[1]。这些评估结果说明，21 世纪社区学习中心计划不仅实现了提高参与者学业成绩的目标，而且大大促进了参与者的人格发展，从而起到了预防和降低整个社区，乃至社会的毒品使用率和暴力事件发生率。

---

[1] After-School All-Stars. National Outcomes [EB/OL].(2017-11-23)[2023-03-23]. http://www.afterschoolallstars.org/programs/national-outcomes/

俄克拉荷马州 21 世纪社区学习中心项目

俄克拉荷马州 21 世纪社区学习中心项目将（1）改善学生的学业和非学业表现、（2）提高学生的身心健康、（3）为家长和学生与社区建立联系提供机会以及（4）提供高质量项目建设组织能力作为目标。据统计，州内项目共包括 101 个学习中心，服务于超过 14 000 名学生，每年服务时长为 35 周。

学习中心的服务对象包括中小学生和学前儿童，其中 65% 为小学生与学前儿童，35% 为中学生。种族相对多样，42% 为白人，33% 为印第安人，11% 为西班牙裔，9% 为非裔。州内的中心主要分布于农村以及乡镇，仅有 13% 分布于城市及近郊区。此外，85% 的中心还为学生提供免费或折扣午餐。在师资构成方面，82% 的项目负责人均为持证学校职工。据统计，中心内约四分之一的学生在阅读、数学等学业表现上取得了进步。在那些长期参加中心项目（超过 90 天）的学生中，约 60% 的学生取得了学业上的进步。

学生、家长、项目负责人以及中心职工等多种主体都参与在项目中。对于学生来说，在中心学习能够帮助他们完成作业、促进在校学业；家长认为孩子参与项目能够获得更积极的体验、养成良好的学习习惯，更加放心；负责人对项目标准和质量负责；中心的其他职工帮助学生积极完成学习目标。

参考资料：

[1] Oklahoma 21st Century Community Learning Centers. [EB/OL]. 2023-02-18, https://sde.ok.gov/sites/ok.gov.sde/files/documents/files/2018%2021CCLC%20Overview%20Book.pdf.

（三）新加坡"德育在于行动"项目（Values in Action, VIA）

1. 项目概况

"德育在于行动"（Values in Action, VIA）项目的前身是新加坡社区参与计划（Community Involvement Plan, CIP）。该计划于1997年10月1日由当时的教育署长黄庆天发起，被列为从小学到大学预科各级学生的必修课程。该项目通过促使学生积极参与社区服务，以经验学习的方式培养学生强烈的社会良知和公民责任感，加强年轻一代人社会凝聚力的建设。

CIP于1998年1月开始正式实施。每名学生每年必须完成最少6个小时的社区服务工作。截至中学毕业[1]时，每个学生至少应完成60个小时的服务。CIP下设的志愿工作类型因年龄差异而不同：小学生参加的活动有同伴小组辅导、爱护

---

[1] 新加坡实行十年制中小学教育体制。

生态花园、维护学校设施和制作手工艺品来筹集资金等；中学生在公共图书馆、福利院或自助团体帮忙，如教授老年人电脑技能，或参与维护海滩或公园等社区公共服务项目；专科（Junior College & Centralised Institutes）的高年级学生可能在青年团体或低年级学生营地项目中担任辅导员的角色，或在社区基层活动中提供帮助。

2012 年，CIP 改革为 VIA 项目。区别于 CIP，VIA 项目更强调自主自发的社会参与，希望中小学生和专科生学习成为有社会责任感的活跃公民，愿意长期为社区及需要帮助的人做出贡献（王晓亚，2018）。具体来说，VIA 项目鼓励学生在家庭、学校、社区、国家和世界的现实生活中，通过提供满足社区需求的服务或解决方案将价值观付诸实践，特别是学生可以参与项目下属的社会创新计划。该计划也要求学生反思自己的实践经验、付诸实践的价值观以及如何继续创新并做出有意义的贡献以改善他人的生活，从而达到品格教育和公民教育的目的，同时培养学生对社区做贡献的主人翁意识[1]。作为一门必修课程，VIA 项目覆盖了新加坡所有中小学

---

[1]　Ministry of Education Singapore. Values in Action [EB\OL]. (2021-05-28)[2023-03-23]. https://www.moe.gov.sg/programmes/values-in-action.

与专科学生。据新加坡教育部统计，2018年接近全部的中学毕业生都至少在学校或社区中完成了2个VIA项目[1]。

2. 学校与其他教育者的合作

VIA项目同样体现了学校与其他教育者的合作，包括家长、研究人员、社区合作伙伴、社群领导者、社团组织等的共同参与。VIA的合作伙伴包括儿童基金会、芽笼东老人之家、灵光之家、国家环境局、新加坡视障人士协会、新加坡残疾人体育委员会等。

在政府方面，VIA项目是新加坡政府长期以来学生"服务学习"（Service Learning，SL）目标政策的实践之一。20世纪90年代以来，新加坡政府、全国青年协会、社区发展、青年和体育部、教育部等多个机构主体在这一政策目标下开展了多项实践，其中就包括由教育部组织的CIP项目，亦即VIA项目的前身（Shumer，Goh，D'Rozario，2010）。2011年，新加坡政府强调了以价值为中心和基于需求的战略政策。同年，教育部启动了品格与公民教育（Character & Citizen

---

[1] The Straits Times. Values in Action programme making lasting impact on students: Ministry of Education [EB/OL]. 2018-09-23. https://www.straitstimes.com/singapore/education/values-in-action-programme-making-lasting-impact-on-students-ministry-of

Education，CCE）框架，该框架强调以学生为中心、以价值观为导向的教育（Boon & Wong，2019）。2014 年，品格与公民教育框架被再次更新，进一步深化了教育系统对以价值观和品格发展为中心的全面教育的关注。在政府引领价值观变迁的作用下，VIA 项目更加强调学生品格的塑造。

在学校方面，通过 VIA 政策的引导，每个学校会结合学生的学段、周边社区的需求等定制适合自己的项目落实方案。学生也会在学校老师的指导下，深入调研社区问题和周边人的需求，并就自身如何为学校、家庭或社区的改善做出贡献提出建议。在小学学段，该项目侧重于家庭和学校所在的社区。在中学和专科学段，该项目侧重在学校和更广泛的社区内做出贡献。

在社区方面，服务学习的理念在 2000 年前后开始得到重视。近年来，随着 CIP 和 VIA 项目在社区内的实施，社区也因此调整了自己的工作重点和方案，并将领导力建设、个人和人际关系意识、项目管理、适应跨文化学习能力、培养对新加坡良好治理和相对稳定生活的认同感等内容纳入社区服务学习课程。这一变化标志着社区工作重心的转移：从为居民提供普遍意义上较为宽泛的社区服务转向培养学生的理想价值观。

3. "教学内核" 的创新

VIA 项目在支持学生参与社会创新项目、发展成为具有社会责任感的公民的过程中会涉及资源保障、改变教学者评价标准、学习者学习方式转变、教学内容变革调整等多个要素维度的创新。

在资源方面，新加坡教育部通过推广 CIP 和 VIA 项目，不断拓展学生的学习空间，鼓励学生走出课堂、深入社会，在不同学段通过丰富的社会创新项目更好地服务于社区和周边的人，从实践层面不断提升自身的知识、技能，塑造理想价值观。

在教学者方面，2009 年，新加坡国家教育学院与教育部和学校合作，为职前教师制定了一套明确的毕业生和教师能力要求，明确提出了构成 21 世纪教师职业的三个关键属性：价值观、技能和知识。改革后的教师教育模式以价值驱动的理念为基础，强调以学习者为中心的教学理念，致力于培养学生的能力与学习者的独特优势；培养具有激情、好奇心、卓越感、正直感、适应能力、韧性和专业精神的教师并促使教师利用其专业为社区服务（Rajandiran，2021）。因此，新的教师培养与评价标准和学生的 VIA 项目更加契合，并鼓励教师将培养学生通过主动参与社区创新服务塑造品格与价值观作为自身教学的内核。

在学习者方面，VIA 项目为学生提供了体验式学习的机会，学生的参与不是"一次性的"，而是一种长期的参与和服务承诺。项目在具体落实运作之前已经有了一套全面的方案并对课程的各个组成部分进行了连贯的规划，其中强制性的核心方案侧重于价值观的发展。VIA 项目在规划学生个人的学习目标和学习历程时突出个人的主动探究、自主发问和体验式学习。例如，VIA 的项目之一——Grampathy（感恩与同理心的英文单词合并）最初就由小学生发起，团队负责人为一名小学六年级学生。项目在 2017 年出版为一本儿童故事书《考拉和他的鞋子》，旨在教育学生认识到对他人表示感激与同情的重要性。该书共印刷 1000 本，学生们决定将其中 500 本免费赠给幼儿园，其余以每本 5 美元的价格出售 [1]。

在教学内容方面，VIA 项目为培养学生成为终身志愿服务的领导者提供了一个平台。项目实施的是一种以社区参与为载体的教学方法，可以创造丰富的学习环境。教学的内容

---

[1] The Straits Times. Values in Action programme making lasting impact on students: Ministry of Education [EB/OL]. 2018-09-23. https://www.straitstimes.com/singapore/education/values-in-action-programme-making-lasting-impact-on-students-ministry-of

并不固定，学生可以自愿参加学校为每个学生提供的结构化的 VIA 项目活动之外的其他活动。同时，学生也可将某项感兴趣的活动申请成 VIA 项目活动。这些活动可以在新加坡或国外进行，同时活动不必局限于帮助福利机构，学生还可以参与到社区自有的项目和设施改造中，比如打扫卫生或用壁画来增强附近社区的活力等。例如，新加坡巴特利中学开展了一系列 VIA 项目活动，按照"为他人着想""服务他人"以及"激励他人"三个层次在不同学期组织十余种活动。在"核心"项目中，中学一年级学生参与社区出租公寓的清洁工作；在"一起学习肾脏知识"项目中，中学一年级学生参与由肾脏相关病人主讲的健康讲座，并通过写信和贺卡等方式鼓励病人；在"回收"项目中，中学四年级学生在阿裕尼新月区和朱城区收集报纸、杂志、旧电视等可回收物料，并将回收所得捐赠给校内学生。类似地，圣玛格丽特中学也根据学生的年级设置了"关心环境""关心特殊需要人群""关心老人"以及"关心家庭、青年与儿童、老人"四个层次的 VIA 项目，旨在培育学生在行动中关爱他人、服务社区的品质[1]。这种

---

[1] St. Margaret's School (Secondary). Values in Action (VIA) [EB/OL]. 2020 https://www.stmargaretssec.moe.edu.sg/programmes/character-development/values-in-action-via/

以社区真实情况为基础的教学模式考虑到必须让学生参与到满足社区实际需要的服务中去，使学生在身心上为服务社区的任务做好准备，并为学生的反思提供一个结构化的支持和引导（Kennedy & Lee，2018）。

4. 项目实施效果评估

新加坡国家志愿者和慈善中心（National Volunteer and Philanthropy Centre，NVPC）的一项研究发现，超过五分之四的学校义务社区工作参与者对自己的社区服务经验感到满意或非常满意。CIP 或 VIA 项目往往是学生第一次接触的社区工作。NVPC 首席执行官劳伦斯·利恩（Laurence Lien）表示：CIP 和 VIA 项目将学生与社会问题联系起来，这更有可能激发他们一生中持续的志愿服务精神。事实上，调查发现，在 15—29 岁的人群中，那些以前在学校参加过义务社区工作的人，在离开学校后的志愿服务比率明显高于那些以前没有参加过的人。前者中有 35% 的人到目前为止仍然在积极进行各类志愿服务，而后者只有 15%。这足以说明 CIP 和 VIA 项目带来的良好社会影响。

新加坡的 VIA 项目通过让儿童和青少年深入参与社区服务等活动，提高了他们为社会服务的意识，帮助他们树立积极向上的价值观，为国家未来的发展提供有理想信念的后备人才。但目前还缺乏针对 VIA 项目的实证研究和全面的项目评估计划来佐证该项目的效果。

圣尼各拉女校"德育在于行动"项目

新加坡圣尼各拉女校（St. Nicholas Girls' School）旨在将学生培养成为负责任的社会公民，并帮助学生理解公民在促进社区和国家福利中的作用。学校基于校训之一——"活学巧用"（Learning from Life）设计了一系列 VIA 项目活动。该项目按照年级由低至高划分为 6 个层次：（1）"快乐教室"，小学一年级学生需要使教室保持清洁卫生；（2）"快乐餐厅"，小学二年级学生需要做到餐后归还餐具并带回残羹、不浪费食物以及保持餐桌整洁；（3）"小冠军"，小学三年级学生在学期艺术课期间通过制作、出售手工艺品，为国家肾脏基金会筹集资金；（4）"伙伴计划"，在小学一年级的迎新课程中，由四年级学生带领一年级学生，为圣路加老年护理中心患者举办小品、游戏等一系列活动；（5）"爱心食物计划"，由五年级学生发起食物运动，呼吁为社区中有需要的居民提供不易腐烂的食物；（6）"拯救地球计划"，六年级学生与回收公司合作，从学校附近收集可回收物品。此外，学校还开展了 H2O（Hearts and Hands Outreach）项目，由感兴趣的学生成立项目小组，探索学校／国家利益的问题，并主动策划学校／社区外展项目，通过行动对社区环境直接产生影响。最后，学校以多种形式开展了一系列日常活动，让德育活动贯穿在学生每周的学习生活中。部分活动课表如下：

周一	周二	周三	周四	周五
	"无塑料日"：回收塑料制品	正午到下午1点"节能日"，参与活动的班级教室关灯；"动动手"	"无塑料日"；"动动手"：扫地、倒垃圾，评选最优秀的班级	

参考资料：

[1] St Nicholas Girls' School Values in Action. [EB/OL]. 2023-02-18, https://chijstnicholasgirls.moe.edu.sg/primary/student-development/values-in-action.

（四）英国博物馆教育（Museum Learning）

1. 项目概况

自 18 世纪公共博物馆设立至今，博物馆的重要职能之一就是教育（George，1998）。在 1851 年万国博览会成功举办的背景下，博物馆被作为促进社会和经济发展的重要工具引入公共教育政策。随着 20 世纪英国教育系统的扩张，博物馆朝着为学校提供服务的方向发展。20 世纪 60 年代，博物馆教育开始被认定为一门独立的专业。20 世纪 70 年代中期，英国博物馆内逐渐形成职业化的教育岗位。到 90 年代初，英国大部分博物馆设立了由具有高度专业化知识、技能和富有经验的工作人员组成的博物馆教育部门。1988 年，英国教育部制定的国家课程指出，英国博物馆教育可与学校的课程设计连接在一起。1991 年，英国要求各专题博物馆根据《国家科学教育课程标准（1989）》（*National Standards of Science Education, 1989*）制定教育活动手册，这些手册针对不同学龄的学生制定学校课程（廖敦如，2005；张曦，2010；郑奕，陆建松，2012）。90 年代末，英国博物馆学家大卫·安德森（David Anderson）曾发表报告《共同财富：学习时代中的博物馆（1999）》（*A Common Wealth: Museums in the Learning Age*）。报告回顾了英国的博物馆教育发展历程，并指出正式和非正式的学习是一个终身过程，博物馆在社会发展中发挥着强大的作用（David，1999）。与 20 世纪 90 年代相比，当今的博物馆越来越深度地参与到教育系统中，为学校提供更加全面、专业的服务，利用博物馆来学习的学龄儿童和青年人数也大幅增加[1]。

2003 年，英国博物馆、图书馆和档案馆理事会发起《全民励志学习》（Inspiring Learning for All，ILFA）框架，描述了政府应当如何投资博物馆教育。2006 年 11 月，英国政府发布了"课堂之外的学习（Learning Outside the Classroom）"宣言，鼓励学校充分利用博物馆等非正式场所开展教育教学或者实践体验活动。2013 年，英国艺术委员会通过对儿童和青少年的博物馆教育调查发现，许多教育者都提到过以研究的形式在博物馆中学习（Cairns, 2013）。近几年，一些大型博物馆的服务机构报告声称，学校组织参观的数量令人印象深刻，如大英博物馆每年国内访客中有至少一半以上是学校团体[2]。21 世纪以来，随着移动交互技术，如增强现实（AR）技术的不断发展，很多博物馆现场的展览互动效果不断提升，学生可以在有趣的互动体验中学习知识（Charitonos, Blake & Scanlon, et al., 2012）；同时，很多英国学生可以通过博物馆提供的完善的线上参观服务学习相关知识。近五年，博

---

[1] Arts Council England. Now and the future: A review of formal learning in museums[EB/OL].(2016-11-25)[2023-03-23]. https://www.artscouncil.org.uk/learninginmuseums.

[2] 同上。

物馆的数字化发展迅猛，包括伦敦科学博物馆在内的很多博物馆都通过全景、虚拟现实（VR）等技术建立虚拟博物馆，博物馆和学校的合作课程也可以不再受地域的限制而开展[1]。

2. 学校与其他教育者的合作

近些年，博物馆为学校提供学习课程的案例逐渐增加，这离不开学校与其他教育者们共同的合作。在政府层面，2015 年 9 月，英国新的《国家课程标准》全面施行。新的课程标准要求教师具备更严谨的学术知识体系和更高的教学水平，这也同样促进了博物馆和学校教育的融合。以历史课程为例，学校教师被要求按照从史前到现代的历史发展时间顺序来教授学生，这对很多教师来说都是一项不小的挑战[2]。因此，可以说政府课程政策的调整促进了博物馆介入学校教育，为教师和课程提供必要的外部支持。

在学校层面，当今社会大众越来越期望学校能够提供"一站式服务"。在这种情况下，博物馆与学校之间的合作

[1] Charr, M. How technology is bringing museums back to life[EB/OL]. 2020-06-17. https://www.museumnext.com/article/how-technology-is-bringing-museums-back-to-life/.
[2] Arts Council England. Now and the future: A review of formal learning in museums[EB/OL].(2016-11-25)[2023-03-23]. https://www.artscouncil.org.uk/learninginmuseums.

具有重要意义。在英国相关政策的支持下，学校每年都会派出教育工作者以志愿者的身份直接参与博物馆教育活动的策划和实施，使其更好地与学校教学相结合（郑奕，陆建松，2012）。在志愿培训结束后，学校也会结合博物馆的资源在校内开发更多类型的课程活动，回应社会大众对学校的期待。

在家庭层面，认识到正式和非正式学习之间的重合、接受以家庭为单位的学习对孩子学习方式的影响是很重要的。博物馆一直是家庭成员一起共度美好时光的最佳选择之一。一些博物馆通过开展从小学向中学过渡的课外项目或鼓励儿童和青少年与其家人在周末和学校假期参加博物馆的亲子计划逐步推进家庭对博物馆活动的参与。但同时一个以大英博物馆为案例的研究表明，为学校提供的服务更容易达到政府对于博物馆绩效的考核标准从而获得相应的拨款。因此，大英博物馆对学校的相关服务给予更多的重视和资源倾斜，对家庭参访等服务重视不足，这也集中表现在家长对于博物馆交互展、参观后的跟进学习、家庭线上参观等项目的了解程度和满意度均有待提升（Chou，2013）。尽管从成本的角度考虑，博物馆不可能做到为每一个家庭提供定制的参访服务，但家庭的参与仍然是博物馆教育推广中的重要一环。因此，博物馆也应加强对家庭参访的重视和资源配置。

3."教学内核"的创新

博物馆与学校的创新合作势必要让博物馆更深入地参与到教育系统中来，其中资源的创新利用、教学者的培训发展、学习者的主动探索、探究式学习的教学内容都扮演着非常重要的角色。

在资源方面，首先，博物馆内丰富的馆藏蕴含着育人价值，在博物馆的浸润式学习对学生的熏陶、感染和塑造具有重要意义。其次，英国的《国家科学教育课程标准》自1989年制定和更新以来，就要求各级各类博物馆等场所内必须特别开辟多间活动室，同时配有特设的活动设施，供中小学生使用（张曦，2010）。最后，数字博物馆／线上博物馆在近些年也呈现蓬勃发展的态势。随着全景及虚拟现实（VR）等技术的不断完善和发展，博物馆线上参观的服务质量得到提升，学生不用前往博物馆就可以身临其境地学习馆校合作课程。2013年，大英博物馆线上网站的使用流量就增加了47%，达到1950万次访问。2015年，大英博物馆与谷歌文化中心开始合作，不断推出大英博物馆的"谷歌街景"、"世界的博物馆"（The Museum of the World）、大英博物馆虚拟展览（British Museum 6 Exhibits）等线上参观服务，促进了教学资源的创新[1]。受自2020年开始的新冠疫情影响，包括大英博物馆在内的很多博物馆被迫闭馆，但博物馆的线上资源无疑对相关教学的开展起到了积极的推动作用。

在教学者方面，首先，英国对博物馆在职人员和志愿者的培训较为完善，他们都可以被邀请为校外实践课程的老师，不断推进博物馆教育教学的发展。上文也提到教育工作者会被学校派出以志愿者的身份直接参与博物馆教育活动的策划和实施，使其更好地与自身教学实践相结合（郑奕，陆建松，2012）。其次，英国重视馆校合作。博物馆里负责学校参观的接待人员每学期都会组织一次会议，邀请学校教师一起讨论每学期的活动安排。博物馆会经常向学校推荐相关的活动，由学校选择参与；学校教师也可以根据自身需求向博物馆提出活动构想，让博物馆来协助配合。再次，英国的学校善于争取学生家长及社会志愿者的支持。学校每次组织

[1]　感兴趣的读者可以访问 https://artsandculture.google.com/partner/the-british-museum 和 https://www.google.com/culturalinstitute/u/0/asset-viewer/british-museum/

活动前都会将详细的活动方案发给学生家长和志愿者，征求他们的意见，并争取得到他们的支持和参与。因此，越来越多的学生家长和志愿者乐意陪同孩子一起参加活动，并主动承担起组织、引导的重任[1]。最后，社区的居民也是博物馆志愿者队伍的重要来源。许多博物馆报告明确指出，它们现在更多地依赖自由职业工作人员和志愿者来提供馆内的讲解教学，实际上，劳动力的"散工化"反映了整个公共部门和经济的广泛发展趋势，这也意味着博物馆将越来越少地与稳定且高度专业化的职业教育工作者打交道（李宏坤，2007）。因此博物馆也必须制定战略，发展包括志愿者在内的更多样和更广泛的参与者。

在学习者方面，目前前往大英博物馆等参观的学生以小学生为主（高翠，2012）。由于中学生学业重点的变化和课业压力的增加，中学学校越来越多地寻求开展旨在深化学科知识、为青少年进一步融入社会做准备的活动，中学生对参观博物馆本身的兴趣呈下滑趋势。但同时，很多博物馆会开展青年志愿者计划，青少年会主动报名并与博物馆工作人员

---

[1] Arts Council England. Now and the future: A review of formal learning in museums[EB/OL].(2016-11-25)[2023-03-23]. https://www.artscouncil.org.uk/learninginmuseums.

一起开展工作项目。这种实践活动带来的好处是双向的。青少年可以从博物馆的实际工作中获得经验和知识，学习也不再是被隔绝在学校中的事情。而博物馆的工作人员也可以从与学生的交往中获得新的经验，更加了解学生群体的想法，从而提供更好的服务。

在教学内容方面，博物馆为体验式、探究式学习提供了机会，将课堂上研究的思想和知识生动地呈现在生活中，激发学生的好奇心、启发学生思考，为学生的学习增添了新的维度。在博物馆教育的实践中，"教育"逐渐转向"学习"，这种转变表达了一种更少说教、更少被动接受、更多体验及更多主动探索的含义（Elwick，2013）。同时，学生在博物馆的学习并不一定要带有强烈的功利性目的或者必须涉及审美欣赏，在博物馆中的体验和探索可以逐渐延伸到科学、历史、艺术等学科中，从而帮助学生更好地理解和诠释他们生活的世界。从这种意义上来说，博物馆的体验式、探究式学习具有不可替代的独特性。

4. 项目实施效果评估

在认识到学生课外教育的重要性和馆校合作机制的重要意义以来，英国的博物馆教育在 30 多年的时间内取得了长足发展。英国博物馆和美术馆研究中心（Research Center for Museums and Galleries）的研究报告显示，2003—2007 年地方中小学生和老师的参访满意度均达 80% 以上，多数老师则表示博物馆教育可达到课程教学和道德教育的作用。英国艺术委员会（2016）的报告《现在与未来：博物馆中正规教育的回顾》中介绍了对英国部分教师进行的采访，教师们表示博物馆可以提供很多丰富且新颖的课程，这是学校无法仅凭自身的资源实现的。

但与此同时，英国博物馆界仍缺乏一套统一的标准来对博物馆教育这一学习模式进行具体的评估。总体而言，每个博物馆都在设计自己的评估方法，通常采用目前已有的相关框架体系进行修改。博物馆面临的挑战是设计一套过程和结果相结合的衡量体系来评估参与者在博物馆学习中社会情感能力的变化。值得注意的是，博物馆界也正在积极推动项目评估工作的开展。一方面，博物馆增强了与研究机构的合作。如：英国自然历史博物馆曾和经济与社会研究理事会主办一系列研讨会，着手为自然历史机构建立一个共同的学习和研究议程；伦敦国王学院与科学博物馆也曾合作推出一个大型研究项目，借鉴了布迪厄（Pierre Bourdieu）的理念来研究科学中心如何支持"科学之都"的发展。另一方面，博物馆界内部也在创新并共享展览规划框架和评估框架。如：英国文化部门正在加快制定有关博物馆服务的质量指标体系；许多博物馆根据英格兰艺术委员会制定的儿童和青少年服务指南来为学校课程与活动提供定制服务。一部分规模较大的博物馆服务机构也正在开发相关的课程和评估工具包，并提供给博物馆使用。例如：英国的诺福克博物馆为博物馆教育设计过一个出色的学习框架，并用于参访者的正式学习；泰恩－威尔郡档案馆和博物馆的工作人员也曾为自身的服务质量制定评估框架[1]。

在衡量博物馆教育如何影响教育系统时，我们要看到，即使博物馆教育已经取得了较大的成效，英国博物馆的工作者们仍在积极讨论如何能与学校更有效地合作。这些工作者意识到，在快速变化的时代，正式学习和非正式学习之间存在诸多的交叉领域，因此建立更广阔、更紧密的合作伙伴关系是至关重要的。

---

[1] Arts Council England. Now and the future: A review of formal learning in museums[EB/OL].(2016-11-25)[2023-03-23]. https://www.artscouncil.org.uk/learninginmuseums.

曼彻斯特科学工业博物馆的"居家学校"科学体验系列项目

（Homeschool Science Experience Enrichment Day）

曼彻斯特科学工业博物馆开展了"居家学校"（Homeschool）、春/夏令营（Camps）、校内合作项目（Outreach Program）等教育活动。其中，定期举办的"居家学校"科学体验项目活动以在线数字化活动为特点，便于儿童在家方便地接触到科学与工业主题的科普知识。博物馆的官方网页上列出了各期活动的举办时间、主题、内容介绍以及适龄儿童对象，家长可以通过在线方式完成报名注册并参与活动。下表为部分针对青少年儿童举办的特定活动。

活动名称	受众儿童年龄	主要内容
疯狂采矿（Minecraft Mania）	7—12	在博物馆开发的游戏"疯狂采矿"中了解矿石开采和一些初级编程知识
会动的机器（Machines that Move）	5—7	在线上实验室拉动杠杆、旋转齿轮，了解机器工作和移动的原理，创造交通工具
混合吧！（Mixin' It Up）	5—7	通过虚拟的测量、搅拌、称量和倾倒过程，激发孩子对了解溶液形成过程的兴趣
3D 建模设计（3D Modeling and Design）	11—13	让孩子开发原型技术、创建虚拟模型，发送到博物馆的 3D 打印机进行制作

（续表）

活动名称	受众儿童年龄	主要内容
别把它丢掉（Don't Throw It Away）	5—7	了解 3R——减少（Reduce）、回收（Recycle）和再利用（Reuse）的基本含义，线上利用可回收材料制作新物品
造桥（Bridge the Gap）	11—13	线上制造桥梁，并在仿真压力测试中了解建筑原理
活力工程师（Energetic Engineers）	8—10	了解工程原理，线上学习如何制作过山车、用玉米糖浆制作电影玻璃、建造抗飓风工程结构等

参考资料：

[1] Events Calendar | Museum of Science and Industry. [EB/OL]. 2023-02-18, https://mosi.org/events-calendar/.

（五）孟加拉国 BRAC 教育项目（BRAC Education Programme, BEP）

1. 项目概况

孟加拉国 BRAC 教育项目（BEP）是由孟加拉国农村发展委员会（Bangladesh Rural Advancement Committee, BRAC）发起，受到多国政府及社会组织资助的教育公益项目。成立之初，BRAC 的主要目标是援助第三次印巴战争中的孟加拉国难民；从 1973 年起，BRAC 的目标扩展至在长期内减少贫困，并将教育作为实现这一目标的重要手段之一。1985 年，BRAC

开展教育项目，主要关注基础教育及其预备课程，兼有青少年教育和其他职业类教育。教育对象主要为战乱、灾后和贫困地区没有机会接受教育的少年儿童。此外，BRAC 尤为关注各类教育中存在的性别歧视问题，致力于为女孩提供更多的教育机会。

BEP 项目主要包含五类：为没有入学机会的儿童提供非正式基础教育；为 5 岁以上的儿童提供基础教育预备课程；为青少年（尤其是女孩）开展青少年发展项目，提供职业技能、基础健康知识和领导力课程；建立多功能社区学习中心为全民提供继续教育、IT 技能培训等服务；"主流中学支持计划"为农村中学教师提供教学培训。组织上，BRAC 开设BRAC 学校（包括基础教育和基础教育预备课程）、青少年中心和多功能社区学习中心。在教学方式上，BEP 采用小组活动、角色扮演、问答讨论和实地考察等，根据教师和学生的不同水平进行调整。教学内容侧重于基础阅读、数学能力以及基础健康知识，学校采用与全国统一课程要求相符的教材，同时也为部分特殊学生开发专门的教材[1]。此外，BEP 还开设有家庭学校（Home school）和广播学校（Radio school）等多

[1] UNESCO Institute for Lifelong Learning. BRAC Education Programme, Bangladesh[EB\OL]. (2017-07-19)[2023-03-23]. https://uil.unesco.org/case-study/effective-practices-database-litbase-0/brac-education-programme-bangladesh

种形式的远程教育项目。

BEP 项目发展迅速，从 1986 年到 2009 年，项目学校从 176 所增加到 64 600 所。截至 2021 年，已有约 1400 万名儿童从 BRAC 学校毕业，累计 300 万名学生和成人参加过青少年中心和多功能社区学习中心的活动，项目中女性参与者达到 55%[1]。在新冠疫情期间，BEP 还开展了紧急情况下的教育（Education In Emergencies，EIE）项目，通过发放特制的收音机或手机，让少年儿童在家里接受线上教育。

2. 学校与其他教育者的合作

截至 2019 年，BRAC 教育项目在 8 个国家开展。庞大的行动规模需要来自政府的政策和资金支持，教学水平需要参考政府制定的标准；如何因地制宜、因材施教需要考察社区的实际情况；针对个体的教育需要家庭内部的协作配合。家庭、政府、社区的合作对于 BRAC 成功开展各类教育项目意义重大。

在与政府的协作方面，BRAC 目前的目标是协助孟加拉国政府实现全球可持续发展目标（SDGs），而 BEP 项目是实

[1]　BRAC. BRAC homepage [EB/OL]. 2021. http://www.brac.net/program/education/

现教育目标中优质教育（Quality Education）的行动方式。因此，虽然 BRAC 是一个非政府组织，但其活动与政府紧密相关。一方面，BEP 需要根据国家的实际情况和政府意见进行项目策划，其行动（如开办学校、社区学习中心）需要得到政府部门的允准和支持；另一方面，BEP 需要在生源较弱的情况下使培养水平达到政府制定的统一标准，如使用相同教材，参加政府的五级（Standard-V）考试。

社区在 BEP 项目中扮演着重要的角色。在当地建立 BEP 项目前，BRAC 会先同社区建立联系，考察当地的实际情况。是否在当地建立起基础教育及其预备课程学校、青少年发展项目或多功能社区学习中心，很大程度上需要参考社区成员的意见。在社区内建立起相关项目后，学校招生、宣传和联络等工作也需要来自社区的支持。此外，新冠疫情期间发放教学用品、与家庭建立联系等，都有赖于社区的合作。统计表明，2/3 的学校管理委员会（School Management Committee，SMC）成员由学生所在社区成员组成（Nath，2006）。

BEP 项目也需要家长方面的配合。项目的主要参与群体为那些缺乏教育机会的儿童，通常这样的家庭中存在父母对孩子关心缺位的问题。每所 BRAC 学校都有一个由 7 人组成的 SMC 和家长论坛，二者相互联系，共同确保孩子的到校、学习等情况。每月学校都会在校内组织一次家长会，讨论家长在儿童教育中扮演的角色。在项目中，BRAC 提出家长需要关心孩子的学习进步、课堂出勤、健康状况等方面。

3. "教学内核"的创新

作为具有特殊愿景的非政府组织，BRAC 自身存在内在的驱动力：通过教育这一手段实现减少贫困、促进社会公平的目标。因此，对于普通学校里能力有限、无法照顾自己的学生，BRAC 及时寻找创新教育方式，使普及教育变为可能。

在资源方面，BRAC 利用自身长期的影响力，吸引了澳大利亚、英国，以及欧盟等国际组织等合作方，获得资金与工作上的支持。最初，成长于孟加拉国的创始人法兹勒·阿比德（Fazle Hasan Abed）赴英国留学，并于 1971 年战争结束后变卖英国的房产，用这些资金回到孟加拉国东北部偏远的 Sulla 村开展农村发展帮扶事业。此后，阿比德不断积极拓展在英国甚至全球的资源：2009 年英国女王授予他圣米迦勒及圣乔治爵士勋章，表彰其在减轻孟加拉国及其他国家的贫困方面做出的贡献；2012 年起，英国政府国际发展部和澳大利亚政府国际发展署成为 BRAC 最核心的战略合作伙伴与资助方[1]。2019 年阿比德离世后，来自哈佛肯尼迪学院的另一创始人陈玛莎（Martha Chen）成为 BRAC 主席。2019 年，BRAC 教育项目支出达到 2530 万美元，489 559 名 3—5 岁的儿童接触到幼儿和基础教育[2]。BRAC 最早的教育项目中，学生都是来自贫困的家庭，住在竹编或泥土搭建的房屋里。项目即在学生家附近建造教室，并提供公共厕所、水井等必要设施。2012 年，BRAC 和 EAC（Educate A Child）组织合作，开展免费的船校项目（boat schools）。在孟加拉三角洲农村地区，由于地处水域，古老的船上集市等生活方式延续至今，船只是一种重要的交通工具。也正因此，开办陆地学校缺乏条件，很多儿童不得不因为交通问题而辍学。船校项目提供的船只平均 12.8 米长、3.2 米宽、1.9 米高，即"一船一教室"。此外，BRAC 还为船校学生提供食物和医疗服务，并向学前儿童开设平均 2.5 小时的课后活动。该项目开办最初便有来自 14 个区的超过 13 000 名辍学儿童在 452 艘船上参加船校项目（Ahmed，2017）。另外，BRAC 利用已有的项目网络，能够对地区教育发展质量、项目开展情况进行评估，如对新冠疫情期间孟加拉

---

[1]　BRAC. BRAC Partnership [EB/OL]. 2020. http://www.brac.net/partnership#partners

[2]　同上。

国的教育受影响情况调研统计，发布了《新冠疫情对孟加拉国教育的影响评估报告》[1]、《危机下教育如何继续》[2]等研究报告。

在内容上，BEP 项目的核心是将前沿的技术、健康及性别教育普及到更多落后的地区。早在 2004 年，BRAC 就通过其计算机辅助学习项目（Computer-Aided Learning，CAL）将信息通信技术（Information and Communication Technology，ICT）应用到其中学项目的教学活动中。BRAC 为学校提供投影仪、包含交互动画的 CD 等教学用具，同时教师也接受数字化发展的相关培训（Haque，2017）。另一个例子是，1995 年，为改善孟加拉国农村地区青少年性教育落后的状态，BRAC 发起青少年生理健康教育项目（Adolescent Reproductive Health Education，ARHE），向青少年以及他们的父母和教师传播正确的、健康的生理知识。一项研究表明在引入该项目前，在 232 个受访女孩中，只有 34% 在初次月经前有所了解，并且大多数女孩在初次月经时感到羞耻，并向女性亲人隐瞒（Nahar et al.，1999）。男孩则对艾滋病、性传播

---

[1]　BRAC. Impact of COVID-19 on Education in Bangladesh [EB/OL]. 2020-05. http://www.brac.net/program/wp-content/uploads/2020/07/Rapid-assessment-impact-ofCOVID-19-education-in-Bangladesh.pdf

[2]　BRAC. How education can continue in this time of crisis [EB/OL]. 2020-05. https://www.thedailystar.net/opinion/education/news/how-education-can-continuetime-crisis-1887079

疾病以及计划生育等了解甚少。当地早婚问题也十分严峻，在 Nilphamri 区，大多数女孩在 11—13 岁结婚，14 岁左右怀孕，这之后则完全放弃接受教育。截至 2010 年，已经有 803 所机构开展 ARHE 项目，涉及约 27 000 名学生（Rashid，2000）。

在教学者和学习者方面，尽管 BEP 项目的学生以受灾、贫困群体为主，但该项目仍对教学质量进行严格管控，要求使用政府制定的统一教材，参加全国统一考试。如船校项目要求不超过 30:1 的生师比，至少拥有 10 年教龄的教师，至少有 60% 的女性学生比例、建立月度家长会以及灵活的教学时间安排等（Ahmed，2017）。新冠疫情暴发后，BRAC 对各类远程教育方式积极探索，用创新的教育方式将教师和学生联结在一起：紧急情况下的教育（EIE）项目，在通过电话等方式继续教学的同时，向学生讲授新冠防护相关知识 [1]；BRAC 远程玩耍实验室（Remote Play Labs）面向 3—5 岁儿童开设，通过广播电信方式进行推广，截至 2021 年 6 月已涵盖 3 个国家的 76 000 名用户 [2]。除此之外，BRAC 教育项目以其对

---

[1]　BRAC. How BRAC is supporting Bangladesh to continue education in a pandemic [EB/OL]. 2020-06. http://blog.brac.net/how-bangladesh-is-continuing-education-in-a-pandemic/

[2]　hundrED. BRAC Remote Play Labs [EB/OL]. https://hundred.org/en/innovations/brac-boat-schools#f0694707

实际需求的快速响应和有效管理而受到关注。BRAC 最具影响力的教育项目之一——非正式小学教育项目（Non-formal primary education program，NFPE）将"倾听来自人们的声音"（listening to the people）作为首要宗旨，在学校的办学过程中重视来自各个村庄居民的建议和需求，在此基础上设立当地小学；此外，该项目还采取"落地管理"（down-to-earth management），每个负责人管理 15 所小学，每周到访每所小学 2 次，以收集教师的建议并进行评估和反馈。有研究认为，NFPE 项目在迅速扩大那些历来被正规初等教育系统忽视的儿童——特别是来自贫困、农村、没有土地的家庭的儿童的接受初等教育的机会方面取得了相对成功（Ahmed et al.，1993）。从 1985 年的第一所小型实验小学成立至今，该项目已成立超过 31 000 所小学和超过 16 000 所幼儿园（Ahmed，French，2006）。目前，孟加拉国约有 140 万名贫困儿童就读于 BRAC 小学，约占公立小学外小学教育系统的 20%[1]。

---

[1] Bangladesh Education Article. Non-formal Primary Education Programme of BRAC: Scope, Growth, Achievements and Factors Contributing to its Success [EB/OL]. 2009-05-06. https://bdeduarticle.com/brac-non-formal-primary-education-programme-scope-growth-achievements-and-factors-contributing-to-its-success/

4. 项目实施效果评估

对 BEP 项目的评估可分为内部评估和外部评估。BRAC 设立有研究机构 Research and Evaluation Division（RED）进行内部评估；也有部分非 BRAC 学者对其项目进行外部评估。1988—2005 年，RED 开展了 140 项对当地非正式基础教育的评估，其中 3/4 针对 BEP 项目。对 BEP 项目的评估划分为投入、过程、产出三个维度（Input–Process–Output, IPO）（Nath, 2006）。

总体而言，BEP 项目取得了良好的效果，尤其在对公立学校无力顾及的贫困、受灾以及其他弱势群体儿童和青少年的教育上作出了巨大贡献。根据 Nath（2006）的述评，在投入方面，Ghosh（1999）调查发现，BRAC 教材涵盖了 60 余个教学能力目标；1996 年孟加拉国"联合大罢工"事件中，BRAC 学校仍然保持运转，而其他大部分学校则停业（Jalaluddin & Chowdhury, 1997）；BRAC 学校的教师质量普遍高于社区学校和一些非正式学校（Nath et al, 2005）；超过半数项目组织者拥有学士学历，7% 拥有硕士学历（Nath, 2000）。在过程评价上，相较于普通基础教育学校 60% 的出勤率（Choudhury & Nath, 1999），两类 BRAC 学校的出勤率分别达到 97%（开设时间较长）和 82%（开设时间较短）（Hassan et al, 1994）；在课堂上，讲故事、歌舞等课程相关活动进行频率很高，时长占比达到5%（Shahjamal, 2002）；项目负责人定期对教师开展培训，收效良好（Sultan, 1998；Nath & Shahjamal, 2004）。在教育产出上，相关研究表明，毕业生的基本教育水平不断上升，即从BRAC基础教育学校毕业的学生更多地选择继续升学，而非早早工作或结婚（Nath et al, 1998，2000，2003）。近年来，Parvez（2016）发现BEP项目有效降低了学生辍学率，提升了女性儿童的教育机会；Haque（2017）研究发现CAL项目具有良好的教师教育质量和教学设备。最新的外部评估表明，BRAC学校比其他普通学校的教学质量更高，主要表现在更深入的课堂互动、更以学生为导向的教学和更为创新的教学方式（Numan & Islam, 2020）。

但同时，亦有研究发现BRAC学校具有一些可能是由其组织的非政府性与教育的非正式性带来的问题。Khan（1998）通过对NFPE项目中的部分在职和离职教师进行问卷调查和访谈后发现，项目学校在师资方面存在着相对薪酬较低、工作量大、工作不稳定、前景不明以及教师自身教学能力薄弱等问题，这些因素可能降低了教师持续任教的积极性。而在学生表现方面，有研究发现尽管BRAC的学前教育项目对学生进入小学后的学习表现有一定的积极作用，但由于接受传统小学教育的影响，这种作用随着时间的推移逐渐淡化（Begum，Yasmin，Shahjamal，2004）。具体到课堂中，Imam和 Khan（1998）研究发现在 NFPE 和 BRAC 的另一教育项目 CLIP（Chandina Learning Improvement Project）中，教师在课堂中缺乏教学技能，监督员缺乏经验，以全班分为 5 个小组、每小组 5~6 人形式开展的小组教学法并未取得明显的成效。

BRAC 为辍学儿童开设的过桥学校项目

（Bridge Schools Program for Out-of-School Children in Bangladesh）

在孟加拉国部分城市边缘的湿地、河岸岛屿地带，由于交通不便等因素，小学辍学率较高。2013 年，BRAC 实施"过桥学校"这一专门设计的学习加速项目，旨在弥补这部分弱势学生的学习差距，支持儿童完成基本教育，"给这些孩子第二次机会"。

在项目的具体实施上，首先，项目负责人通过孟加拉国政府发布的教育报告以及从其他各个组织收集的数据确定辍学率最高的区域；其次，工作人员通过与地方领导人合作、在社区挨家挨户调查等方式确定对学校需求最为迫切的地点，在此开设过桥学校。入学前，学生通过能力倾向测试被分入两类班级。入学后，学生将先参与为期 4 个月的过渡性课程，以弥补学习差距。在正式教育阶段中，学生将在 36 至 40 个月内完成小学阶段教育，每个班由约 25 至 30 名年龄在 8 至 12 岁间的学生组成。在此过程中，BRAC 学校的教材主要依据国家课程教学大纲，学生的练习册和课程根据时间紧张的课程表进行定制。

与其他 BRAC 小学类似，过桥学校遵循"一名教师，一间教室"的模式，教师需要在就职前和任职期间同时接受与缩短学制相配套的强化培训。2019 年末新冠疫情之后，过桥学校不得不暂时关闭，但教师仍采取手机上课的方式，通过每周两次的电话会议向学生授课。这一项目已经从第一批试点的 39 所迅速扩大到目前的 2100 所学校，毕业生超过 3 万人，在校生接近 6 万人。2016 年毕业的第一批小学生中，毕业率达到 99.83%。

参考资料：

[1] Bridge Schools: A second chance at education in Bangladesh. [EB/OL]. 2023-02-18, https://blog.brac.net/bridge-schools-a-second-chance-at-education-in-bangladesh/.

[2] Bridge Schools show promising results in the time of pandemic but there is still learning loss in children's education. [EB/OL]. 2023-02-18, https://www.brac.net/latest-news/item/1354-bridge-schools-show-promising-results-in-the-time-of-pandemic-but-there-is-still-learning-loss-in-children-s-education.

三、国外教育协同创新案例的启示

表 2.3.1 教学内核要素框架下的国外案例对比表

	教学者	学习者	内容	资源
美国特许学校运动	教师聘用方式灵活，善用年轻教师； 教师培训和支持体系更为成熟	学习者的自主选择权增强； 被传统公立学校拒之门外的学生获得了机会； 在传统公立学校受过恐吓、骚扰的学生获得了满意的学习场所	KIPP 学校，注重英语和数学的高标准教学； 发展学科特色，如艺体、STEM	企业、社会组织，甚至家长提供经费，弥补政府拨款的不足； 个别学校允许营利性企业参与学校管理或课程设计
美国21世纪社区学习中心项目	师资来源多元化，包括学校教师、大学生、社区工作者等； 高年级学生给低年级学生辅导，学生既是学习者，也是教学者	学习者的学习参与时间增加； 学习者不仅学业提升，而且人格得以发展	解决青少年放学后监管问题； 提供补缺性质的辅导； 提供阅读、数学、艺术、科学等多领域课程与活动	联邦政府提供资金，州政府组织申请； 家长缴费提供资金； 各类公共和私营机构参与课程提供
新加坡"德育在于行动"（VIA）项目	国家教育学院与教育部、学校合作，培养懂得社区创新服务与学生品格塑造的教师	长期多次，建构服务承诺； 强调个人主动探究、自主发问和体验式学习	促使学生自发参与社区服务，以经验学习的方式培养学生的社会良知和公民责任感	政府拨款，社区参与，以社区为载体，社区提供真实的服务和学习场景
英国博物馆教育项目	博物馆专家、志愿者与教师协同教学	更多主动体验和主动探究，以学习者为中心	教育主题与学校和教师的教学主题相联系； 学习内容不受学校课程限制，为学生提供灵感和探索空间	博物馆主导，长期规划，向学校或家庭提供博物馆活动或课程

（续表）

	教学者	学习者	内容	资源
孟加拉国BRAC项目	教师要接受数字化发展的相关培训，具备计算机辅助教学的能力；教师质量普遍高于社区学校和一些非正式学校；采用更深入的课堂互动、更以学生为导向的教学和更为创新的教学方式	缺乏教育机会的儿童获得学习机会；学习场所不再是传统的学校，而是儿童生活的周边，例如"船校"	为没有入学机会的儿童提供非正式基础教育；为5岁以上的儿童提供基础教育预备课程；为青少年（尤其是女孩）开展青少年发展项目，提供职业技能、基础健康知识和领导力课程；建立多功能社区学习中心为全民提供继续教育、IT技能培训等服务；"主流中学支持计划"为农村中学教师提供教学培训	澳大利亚、英国，以及欧盟等国际组织等合作方提供资金与工作上的支持；政府提供政策和资金支持，提供教学水平参考标准；社区、家庭等提供协作，项目高度依赖家长的参与、支持以及在教育中的角色

国外的教育创新案例可以归纳为两种类型。一种是给予那些在传统教育体系下被边缘或者难以被关注的群体一定的机会，例如美国的特许学校、美国 21 世纪社区学习中心、孟加拉国 BRAC 教育项目等往往关注家庭背景弱势的群体，或者在传统公立教育体系中学术表现不佳的学困群体。另一种是给予那些少有被关注的教育内容和教育形式一个进入教育体系的机会，例如新加坡"德育在于行动"是全人教育理念下的一种探索，英国博物馆教育是社会教育与学校教育、家

庭教育融合的一种形式展现。这些项目有共性，也有个性，在"教学内核"的四个方面存在可圈可点的创新性。

在资源方面，教育需要投入，投入的主体可能包括政府、社会公益组织、企业和家庭。本文列举的多个案例中，政府都提供了资金支持，但是政府资金支持和政府举办是不同的，公益机构和企业等社会组织的参与能够提高资金的使用效率和组织效率。所以社会力量在资源供给方面的创新还包含资金使用效率的提高。此外，社会力量也为教学提供了教学资源（例如英国博物馆教育项目、美国21世纪社区学习中心计划项目）和教学场景（例如新加坡"德育在于行动"项目）。本文选取的项目在资源创新方面还有一个特点，就是具有长期性和持续性。在教育创新之中，可持续发展是一个项目成功的关键因素之一，因为很多项目需要一定的培育时期才能对教育产生实质性的影响，让教育发生根本性的改变。

在内容方面，这些创新都没有脱离学校教育。一方面，项目从设计开始就努力与学校教育相结合，例如英国的博物馆教育会选择与学校教育相类似的主题展开，美国21世纪社区学习中心计划会对学生在正规学校教育系统中理应获得的知识的缺失或者理解缺失进行补缺性质的辅导，美国特许学校运动会针对传统公立学校中英语和数学学术成绩要求不高的问题提出改善性策略。另一方面，这些创新项目还在面向社会的发展和需求方面有新的思考和举措，例如：美国特许学校还强调特色教育，发展跨学科学习的能力；英国的博物馆教育培养的是学生理解现实生活，在现实生活情景中综合运用知识的能力；孟加拉国 BRAC 教育项目强调给予学生一技之长，提供社会需要的技能教育，等等。

在教学者方面，师资来源的多样化是所有创新项目的共性。教师岗位是一个高度专业化的岗位，并不是所有人都可以胜任。教师来源的多样化并不意味着放弃专业化，而是教育专业发展对当前的师范教育提出了更多挑战。由于社会的多样性和易变性，作为教育引领者的教师需要更多与当前社会发展相融的知识和技能更新。本文中的几个案例说明三点：一是教师需要不断学习新的科学技术，特别是信息技术，具备信息素养；二是学习者也可以成为教学者，知识的吸收与输出是知识习得的两个重要表现；三是志愿者作为满足特殊群体教育需求中的重要力量，其志愿行为和精神为教学者角色做了一个注解——教学者是社会价值和知识的传播者。

在学习者方面，教育创新主要在受教育机会和选择权方面满足了学习者的需求。教育创新项目针对的学习者往往在传统的学校体系中难以获得适合的教育，例如美国的特许学校运动、美国 21 世纪社区学习中心计划、孟加拉国 BRAC 项目都满足了一部分经济贫困、少数族裔的家庭子女的教育需求。同时，教育创新项目还为学生提供了更多样化的教育选择，这种选择主要体现在学习方式上，例如新加坡"德育在于行动"项目、英国博物馆教育项目都强调学生的体验和探究，体验能够弥补传统学校教育中无法给予的场景支持，探究虽然被现代的教育改革理念所支持，但是学校教育中的探究受到条件局限，可能是为了探究而探究的练习活动，远不如真实生活场景中为了解决现实问题而进行的探究对学习者的触动更大。

第三章

Chapter 3

发展与创新：
深圳教育优势与启示

一、深圳教育发展历程

（一）从古代到近代：官学缺位与私学鼎盛

由于地处岭南地区，远离中央政权，深圳在明朝隆庆六年（1572 年）之前都没有设置正式的教育行政机构进行管理。明朝隆庆六年，朝廷在深圳地区设"新安县"。自此以后，深圳地区才逐渐建立了专门的教育行政机构，并按朝廷要求建立了县学，一直延续至清朝（陈海滨，2015）。

由于官学的缺位，私塾、书院等形式的私学成为教育活动的主要形式。如宋朝地方官邓符协曾在深圳地区办力瀛书院，深圳地区的士子应考也是进入私人办学机构进行学习备考。这一时期，家族在深圳地区教育发展中的作用巨大。学生通常通过家族的祠堂、乡约、族规、家法、族谱等形式接受教育。清朝中后期，西方文化和教育逐渐进入中国。深圳地区毗邻香港、澳门，较早受到西方文化的洗礼。1905 年科举废除后，1906 年新安县[1]

---

[1]　秦汉以来，深圳地区属于南海郡番禺县管辖。东晋咸和六年（331 年），成

将位于南头的凤冈书院改名为"凤冈学校"，这是新安县近代第一所新型学校。凤冈书院的转型表明新安县开始采用新学制和新课程，新安县的教育开始与西方新式教育接轨。民国时期，宝安县设立了私立小学、私立中学的学校教育系统。截至 1949 年，宝安县共有公私立小学 80 所，其中私立小学 77 所，占了绝大部分（熊贤君，2010）。

从历史数据看，深圳的社会力量办学颇有传统和历史，中华人民共和国成立之前，由政府主导的学校教育体系薄弱，教育依靠的主要力量来自民间。

（二）从改革开放至今：从追赶经济到引领发展

改革开放之初，深圳只有中小学校和幼儿园 315 所，在校生 6.5 万人，没有一所高等院校，是典型的边陲小县（廖槎武，1997）。随着深圳经济特区的建立，其教育发生了翻

帝分南海郡，重新设立东官郡，下辖六县，其中之一为宝安县。东官郡的郡治与宝安县治都在今深圳南头地区。深圳自此有了郡一级的行政机构。南头成为深圳地区的核心区域。此后，深圳地区持续发展。因其地理位置处于番禺外贸航道所经的珠江口东岸，海上贸易较为发达。唐朝中期取消县一级的行政建制。明朝万历年间，又重新在原宝安地区建立县级行政单位，名为"新安"。当时的新安县管辖范围囊括了今天深圳市的大部分地区和香港的全部，还包括东莞市东部和东南部的小部分地区。新安县名一直沿用到 1914 年，因与河南省新安县同名而改新安县为宝安县（张一兵，2018；熊雪如，王元林，2018）。

天覆地的变化，在教育创新上取得了累累硕果。已有研究梳理了深圳建市以来各阶段教育发展的成就与特点。以十年为一阶段，1980—1990 年是"教育与经济同步发展"的阶段，1990—2000 年是"教育适度超前发展"的阶段，2000—2010 年是"实施教育强市和科技兴市"的阶段，2010—2020 年是"推进教育现代化发展"的阶段（陈秋明，2021）。

在 1980—1990 年教育与经济同步发展阶段，深圳以宝安县的农村教育为基础，逐步建立了现代教育体系。深圳原有的教育基础十分薄弱，1979 年仅有 24 所普通中学和 238 所小学，无法满足特区成立之后适龄人口骤增的需求。为了加快建设新学校，深圳于 1984 年改革学校基建的传统计划体制，实行规划、选址、征地、搬迁、设计"六统一"的新机制，创造了 6 个月建 12 所中小学的"深圳速度"。与此同时，深圳也创新办学体制，支持和鼓励企事业单位和个人投资办学，依靠社会力量支持教育事业发展。1983 年蛇口工业区出资建立的育才学校，是深圳经济特区兴办的首个全学段教育集团，开创了新的企业办学体制，深圳的民办学校开始了快速发展（方映灵，2019）。为了适应深圳特区经济快速发展的用人需要，深圳市积极改革中等教育结构，广泛开展职业技术教育，通过校办、校企联办、企业办等多种形式举办职业高中班，为特区各行各业培养了具备专业技能和知识的大量人才（倪振良，1984）。在这个十年阶段，深圳普及了小学教育和九年义务教育，建立了适应市场经济发展的现代教育体系，实现了农村教育向城市教育、传统教育向现代教育的转型（陈秋明，2021）。

进入 20 世纪 90 年代，深圳市制定了《深圳教育发展战略》，提出"教育适当超前发展"的战略，教育发展优先规划、教育投入优先安排、学校用地优先保障、教育人才优先引进、教师待遇优先落实、解决教育问题优先这"六个优先"。为了推进教育与城市化相适应，深圳市撤并条件差的村办小学，同时大幅新增中学学位，1994 年基本普及高中教育（陈秋明，2021）。在扩大教育资源供给、满足人民教育需求的同时，深圳市高度关注人才培养与市场需求之间的联系，1991 年率先开始改革高中阶段教育，将普通高中和职业高中的二元结构，改革为普通高中、职业高中、分段高中（"2+1"高中）的三元结构，提升了办学效益，也适应了个人发展的需要（深圳市教育局，1995）。这是非常超前的改革措施，多样化办学满足了多种价值取向的需要，不同类型的学校各有侧重，培养不同规格、不同层次的人才。十年间深圳市基础教育阶段在校生从 1990 年的 16.9 万人上升到 2000 年的 44 万人，中小学数量从 312 所增加到 447 所。

21 世纪最初的十年，为了贯彻国家"科教兴国"和"人才强国"战略，深圳教育提出了"科教兴市"和"人才强市"的战略。这一时期深圳基础教育延续了上一个十年的快速发展，基础教育在校生人数在 2010 年达到 98.3 万人，是 2000 年的 2.2 倍，中小学数量上升到 648 所。深圳在教育创新领域开展了许多试验和改革的尝试，深圳市南山区在 2001 年成为首批国家基础教育课程改革试验区，率先在课程整合、综合素质评价、校本课程开发等方面形成了一系列创新经验；2005 年深圳以南山区试点经验为基础，在全市推进中考中招改革并取得成功。深圳高等教育在这一时期也获得了长足的进步，深圳先后与北京大学、清华大学、哈尔滨工业大学等名校合作成立研究生院，到 2010 年深圳的高等院校达到 8 所，为高新技术产业转型提供了重要的人才支持。

2010 年以来，"引进资源""融合创新"成为深圳教育的关键词。在基础教育阶段，深圳引入了北大、北师大等大学体系的附中到深圳办学，并通过组建教育集团来扩大优质教育资源的辐射面。在高等教育阶段，深圳北理－莫斯科大学、清华－伯克利深圳学院、香港中文大学（深圳）等一批国内外名校落户深圳，引进与合作办学成为深圳快速发展高等教育的基本路径之一（林杰，刘业青，2020）。与此同时，深圳积极探索中小学教育优质特征发展路径，提升学生综合素养，先后成为全国中小学生艺术素质测评实验区、全国青少年校园足球改革试验区、国家中小学教育质量综合评价改革试验区（陈秋明，2021）。

截至 2021 年，深圳普通高等学校 14 所，在校学生 14.52 万人；普通中小学 818 所，在校学生 169.62 万人（详见图 3.1.1 和图 3.1.2）。以每十年为一个阶段，深圳教育的发展每个阶段呈现不同特点，教育与经济之间的关系呈现从"同步发展"到"适度超前"，到"教育引领"和"质量为先"，再到教育改革的"示范区""试验区"。

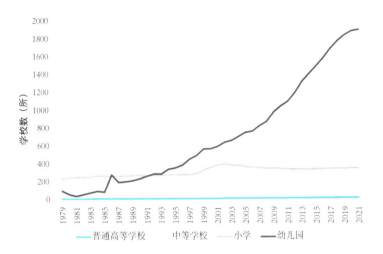

图 3.1.1 深圳市各级各类学校数（1979—2021）

数据来源：2022 年深圳统计年鉴

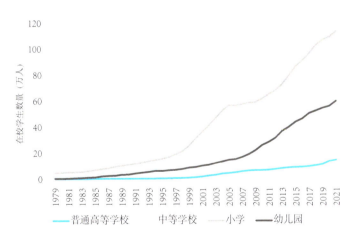

图 3.1.2 深圳市各级各类在校学生数（1979—2021）

数据来源：2022 年深圳统计年鉴

二、深圳教育的特点：政府投入、社会参与、协同创新

（一）政府投入保障

深圳市为满足经济增长带来的大量劳动力人口对基本公共服务的需求，投入了大量财政资金，以保障教育优先发展。根据官方数据计算，近 10 年来，用于教育的经费占一般公共预算支持的比例平均约为 13%。并且 2018—2020 年，在一般公共预算支出增长幅度不大的情况下，政府提出了教育经费投入"只增不减"，把更多公共财政资源用于支持教育发展。

从投入的相对水平来看，2019 年深圳市一般公共预算教育经费为 702.68 亿元，较 2018 年增长了 19.48%。在广东省内，深圳市的教育经费投入是最多的，其总量占广东省一般公共预算教育经费总额的 21.8%，达到 1/5 以上，在广东 22 个地市中高居榜首。在北京、上海、广州和深圳四个一线城市中，深圳的教育经费投入仅次于北京和上海，比广州高 34.3%[1]。并且从生均投入来看，深圳的各级各类学生数低于广州市，而教育经费投入规模远大于广州，深圳市的生

[1] 2019 年一般公共预算教育经费，北京市 1125.36 亿元，上海市 1064.8 亿元，广州市 522.98 亿元，深圳市 702.68 亿元。

均经费高于广州市，由此可见深圳市的教育经费投入力度很大，反映了政府提供优质的公共教育服务的决心和行动[1]。

除了经费投入，政府在土地供给、教师编制等办学条件方面也给予了很多政策支持。深圳市从1984年开始就把学校基建纳入城市发展规划，即使面临人口膨胀与资源短缺的矛盾，依然给予教育用地保障，并分阶段、多渠道解决学位问题。此外，政府还出台了很多政策鼓励教育的创新，这都为深圳教育的发展提供了机制保障。

（二）社会力量参与办学

作为公办教育的有益补充，民办教育的发展遵循三条选择路径：提供技术、提供机会、提供特色。在第一条路径之下，民办教育就是为学生提供职业技术教育，发展出了众多民办中职和高等职业技术学院[2]；在第二条路径之下，民办教

---

[1]　根据《深圳统计年鉴（2020）》和《广州统计年鉴（2019）》数据，2019年普通中小学在校生中，深圳市约209万，广州市约216万；普通高等院校在校生中，深圳市约11万，广州市约114万。

[2]　20世纪80年代，由于珠三角企业数量增加和对技术工人需求的增加，外地来打工的农民子弟有学技术的需求，民办初等和中等职业技术培训班随之产生。参见：张铁明.解放思想：我国民办教育发展的阶段特征及未来发展的突破点——以广东省为例.教育发展研究，2009（15-16）：23-29.

育为城市务工人员子女、有特殊需求的群体提供了教育机会，发展出了打工子弟校等解决民众过剩需求的学校；在第三条路径之下，民办教育为在外语或国际课程、艺术、体育、科技等方面存在差异需求的学生提供了特色化教育。从教育生态学的角度而言，社会力量的参与不仅从类型上丰富了教育者（educator）的身份，而且提供了更多样化、更有质量的教育选择，满足了民众的过剩需求和差异需求。

深圳特区政府在提供公共服务方面不遗余力，做出了巨大的努力。但是社会的需求是多样化的，政府为基本公共服务提供了保障，仍有一些特殊需求难以满足。因此社会力量的参与对于深圳教育多样化教育生态的建立提供了支撑。2010年，深圳成为国家首批教育综合改革试点城市。政府出台政策，鼓励和支持社会力量以多种形式办学，形成以政府办学为主体、公办学校和民办学校共同发展的格局。当时的民办教育主要是为满足日益增长的新移民子女的教育需求。2012年，教育局就对民办中小学的战略定位提出了调整，"要促进民办教育发展的战略转型，即从满足学位需求到增加学位供给与扩大教育选择并重"（劳期龙，2012）。民办教育的使命不仅仅是"提供学位"，还有"特色发展"，低质量办学的民办学校不能适应发展的需求，而具有国际化视野、有特色的民办学校在"扶优扶强"的原则下，进一步得到政府支持，所有民办教育的生命线逐渐从发展数量转为提升质量；政府对民办教育的态度从"鼓励办学"到"支持发展"再到"以规范促发展"。

2010 年之后的 10 年间，民办教育获得了长足的发展。从深圳教育局公布的深圳教育事业发展基本情况来看，2018 年之前，各级各类民办学校（含幼儿园）占比都呈现逐年递增的趋势，从 2013 年的 75.1% 提升到 2018 年的 77.3%[1]。政府为民办教育发展提供资金、资质和监管等方面的支持。在资金上，建立财政支持帮扶民办教育的长效机制。从 2011 年起，每年教育费附加中 15% 用于支持民办中小学发展，市、区均设立民办教育发展专项资金。从 2012 年起，深圳还出台了学位补贴、教师长期从教津贴、优质规范民办学校奖励政策（陈秋明，2021）。社会力量参与办学为社会提供了更多的学位，一方面节省了公共财政在教育方面的支出，另一方面财政拿出一部分资金支持民办教育的发展，对于民办教育是

---

[1] 深圳市教育局 . 学生及教职工统计 [EB/OL]. 2021. http://szeb.sz.gov.cn/home/xxgk/flzy/tjsj/index.html

一种鼓励。在资质上，对于拥有办学条件的社会力量，政府鼓励其办学，给予资质审批，体现出对社会力量办学的支持，并且政府鼓励社会力量在小班化、双语教学、艺术或者体育特色办学等，体现了政府对社会力量办学方向的引导。通过社会力量办学，探索教育教学改革的模式，为教育改革拓展试验田，这相当于给社会力量的创新发展提供了支持。在监管上，深圳市出台民办教育机构设置标准、专项资金管理办法、财务审计工作指引等配套政策；并加强民办学校日常监管，规范民办学校招生，公办、民办义务教育学校设置同等招生条件，统一招生平台，同步招生。

社会力量具有敏锐的市场嗅觉，能够更快速把握教育需求，并且与社会中的企业技能需求、家庭教育期望密切联系，社会力量参与教育是深圳教育发展的一大特点。同时，这样的有资质、有资金、有监管的政府扶持模式，为社会力量有序、健康地参与教育发展和创新提供了政策和环境保障。

（三）引入资源协同创新

深圳教育起步较晚但能快速发展的重要经验就是引进和创新。引进是吸纳资源为己所用，创新是消化资源提升自我。

资源引进有三个方向。一是利用地区粤港澳大湾区的地缘优势大力引入海外教育资源，深化教育对外交流。据统计，深圳与香港缔结姊妹学校 260 对，与英国、美国等 7 个国外地方教育部门签订合作协议，400 多所中小学校与国外学校开展教育交流合作，19 所学校入选教育部"中美千校携手"项目学校（陈秋明，2021）。二是大力引入国内其他省市的优质教育资源，包括建立国内外一流大学的深圳研究院或者分校，兴建中外合作办学的大学、学院或者项目，引入国内基础教育学段的名校创办分校区，从而引入优质的教学资源和管理经验。三是引入企业资源，探索联动名企和名校，提供优质教育资源，包括建立"华为—深中数理实验班（高中）"，引入企业建立教育基金会支持教育发展等。

深圳教育中的"创新"有两层含义，分别是"创新教育"和"教育创新"，分别对应"教学内核"框架中的教育内容创新和资源创新。一方面，"创新"作为中小学生的"八大素养"之一，已经被确立为学生培养目标。深圳市科学高中、深中南山创新学校、福田科技中学成为创新教育特色学校，由财政下拨经费，鼓励组建学生创客实验室、学生科技社团、中小学生科研项目等，推动学生科技创新，也就是"创新教育"。另一方面，政府、学校、家庭、社会作为教育生态系统中的主要参与者和重要行动者，需要被引入教育协同治理创新体系中进行"教育创新"。2010 年《关于推进教育改革发展率先实现教育现代化的决定》中明确提到："创新教育体制机制，探索社会资本参与教育事业和办学实践的新方式，实现办学主体、办学模式、资源投入和改革路径多元化，不断增强教育活力。创新教育教学方法，注重学思结合、知行统一、因材施教，着力培养学生创新精神和实践能力……"。2013年，深圳市专门召开了"社会力量助推教育创新"高峰论坛，知名企业、基金会、政府官员和教育界知名人士首次围绕"社会力量如何助推教育创新"主题进行案例分享与交流。2014 年《关于进一步提升中小学生综合素养的指导意见》中再次强调："坚持育人为本……强化社会参与为主要抓手，凝聚学校、家庭、社会合力，形成有效方法和长效机制。"2015年明确提出，健全"政府引导、学校主导、社会支持"的科技创新教育工作机制，政府、学校、社会三者的角色在进一步明确。2016 年《深圳市教育发展"十三五"规划》中提出，中小学聚焦"八大素养"，全面实施"四轮驱动"。其中"四轮驱动"就是指：课程改革；培养新型教师；评价变革；家校与社会合作。2019 年，深圳市成为建设中国特色社会主义的先行示范区。在城市建设的各个方面，深圳都要发挥先行示范的作用。而教育作为民生中的重点，更是要走先行示范的道路。深圳市教育局 2020 年工作思路中再次强调了"构建家庭、学校、社区三位一体协同育人机制"。可见，多元主体参与教育系统，实现教育协同创新，在政策角度得到了持续的支持和鼓励。通过一系列政策的发布，深圳市已经形成了较好的教育创新环境和氛围。

三、深圳教育创新案例

（一）"四点半学校"与"四点半活动"：深圳市提供课后服务的创新实践

1. 项目概况

与美国 20 世纪 90 年代面临的青少年放学后缺乏家庭监管和照顾的问题类似，我国的中小学生基本在三点半至四点半左右放学，但大部分家长最早五六点钟才下班。孩子放学时间与家长下班时间存在时间差带来的孩子托管问题，在深圳被称作"四点半难题"。在全国范围内，课后托管问题也是一个公认的难题。2017 年教育部办公厅下发了《关于做好中小学生课后服务工作的指导意见》，希望学校利用管理、人员、场地、资源等优势，开展学业辅导和兴趣活动[1]。

深圳很早就开始探索破解"四点半难题"的方法，并进行了"四点半学校"和"四点半活动"两种不同模式的尝试。"四点半学校"以社区为实施主体，在社区内建立"学生作业室"等场所供青少年免费进行学习。早在 2007 年，罗湖区就针对部分小学生放学后无人照顾的问题在社区设立"学生作业室"。2009 年 6 月，深圳市文明办联合相关单位启动深圳市 12 个社区为期一年的社区"四点半学校"试点工作[2][3]。

"四点半活动"以学校为实施主体，在放学后为让学生

[1]　中华人民共和国教育部办公厅. 教育部办公厅关于做好中小学生课后服务工作的指导意见 [EB/OL]. 2017-03-02, http://www.moe.gov.cn/srcsite/A06/s3325/201703/t20170304_298203.html

[2]　深圳市文明办. "四点半学校"学生的"第二课堂" [EB/OL]. 2012-06-06, http://gdsz.wenming.cn/wmcj/201206/t20120606_244459.htm

[3]　深圳市政协. 关于加强"四点半学校"建设打造儿童友好型城市的提案 [EB/OL]. 2017-05-08, http://www1.szzx.gov.cn/content/2017/05/08/content_16175498.htm

留校而向学生提供各类兴趣课程与创新课程。2015 年，深圳市教育局出台了《深圳市中小学"四点半活动"试点工作方案》，为期 3 年。首批筛选出 100 所公立中小学参与试点。试点学校利用学生每天下午放学后的课余时间开展实践体验活动。学生们在四点半下课后可以留在学校学习德育、体育、美育等更丰富多彩的课程。2016 年新增试点学校 100 所，2017 年新增试点学校 120 所（其中包含民办学校 21 所），先后共有 320 所学校成为"四点半活动"试点学校[1]。2019 年年初，因为"四点半活动"试点方案到期，试点学校中部分由财政补贴的课程中断[2]。2020 年，深圳市教育局出台《深圳市义务教育阶段学校课后延时服务实施意见（征求意见稿）》，计划将"四点半活动"推广至全市义务教育阶段所有公办、民办学校[3]。

"四点半学校"的探索为"四点半活动"的开展提供了实

---

[1]　深圳市教育局 . 深圳市中小学"四点半活动"试点工作方案 [EB/OL].2015-10-08, http://sz.bendibao.com/edu/2015108/731647.shtm

[2]　深圳市教育局 . 我市中小学"四点半活动"试点初见成效 [EB/OL]. 2016-03-22, http://szeb.sz.gov.cn/szsjyjwzgkml/szsjyjwzgkml/qt/gzdt/content/post_5516498.html

[3]　深圳市教育局 . 深圳市教育局关于公布第三批深圳市中小学"四点半活动"试点学校名单的通知 [EB/OL]. 2017-09-22, http://wap.szeb.sz.gov.cn/jyfww/fwxsjzw/ywjy2/201709/t20170925_8830318.htm

践基础。在"四点半活动"开展后，有关社区"四点半学校"的各类报道逐渐减少。学校逐渐成为课后托管服务的主体。2021 年，教育部发布《关于推广部分地方义务教育课后服务有关创新举措和典型经验的通知》要求在全国范围内推动课后服务全覆盖、保证课后服务的时间、提升课后服务质量、强化课后服务保障。而深圳市被列入"义务教育课后服务典型案例单位"名单，是广东省唯一进入该名单的城市。深圳市"四点半活动"的经验也被列入义务教育课后服务创新举措和典型经验进行推广[1]。

2. 学校与其他教育者的合作

"四点半学校"

在"四点半学校"中，深圳市文明办、深圳市教育局、深圳市妇联等政府或民间组织之间通力合作，提供政策支持和经费保障。在试点工作中，市文明办作为主办单位，负责试点工作的统筹策划和组织协调。市文明办向每个试点社区提供 10 万元资助经费，帮助解决教师课时和交通补贴、场地

---

[1] 中华人民共和国教育部办公厅 . 教育部办公厅关于推广部分地方义务教育课后服务有关创新举措和典型经验的通知 [EB/OL]. 2021-06-04, http://www.moe.gov.cn/srcsite/A06/s3321/202106/t20210621_539265.html

水电补贴与教具、图书、宣传资料补贴等问题[1]。同时，街道和社区也会进行经费自筹或者接受社会赞助。教育、民政、团委、文联、关工委等部门作为协办单位。市教育局负责对各试点学校的教学活动和师资建设予以协助和指导；市民政局负责协调各区民政部门为社区"四点半学校"的场地建设给予支持；团市委、市关工委负责在"四点半学校"教学和管理人员选聘中配合做好义工和"五老"[2]的组织推荐工作；市文联负责为各试点学校提供文艺鉴赏教育指导。各区文明办作为承办单位，负责协调本区有关部门，做好试点工作的具体组织实施[3]。

"四点半活动"

在"四点半活动"的推进中，市、区教育局承担了主要的统筹规划和资源调配工作。学校作为"四点半活动"的主要落实者，提供了场地、师资和教学资源。"四点半活动"鼓励学校以购买服务的形式，引入社会各类教育资源，从而解决学校内的活动课程、师资、设施、场地等资源不足的问题。

[1]　深圳市文明办．"四点半学校"学生的"第二课堂"[EB/OL]. 2012-06-06,
http://gdsz.wenming.cn/wmcj/201206/t20120606_244459.htm
[2]　"五老"指老干部、老专家、老战士、老教师、老劳模。
[3]　深圳市文明办．"四点半学校"学生的"第二课堂"[EB/OL]. 2012-06-06,
http://gdsz.wenming.cn/wmcj/201206/t20120606_244459.htm

3. "教学内核"的创新

"四点半学校"

"四点半学校"的资源创新主要体现在对社区既有场地的改造翻新和创新利用上。由街道办事处筹办的"四点半学校"主要利用各社区原有的社区图书室、文体活动中心、星光老年之家等现有活动场地和设施，添置电脑、图书、健身器材等设施，开辟出满足"四点半学校"功能需求的活动场所，并设置"课业辅导"和"综合活动"功能区，分别用于学生完成家庭作业和开展各类活动（丁光辉，2016：89）。这种做法充分利用既有的场地资源，赋予"老场地"以"新功能"。

在教学者方面，"四点半学校"依靠"五老"、义工、社工、学校教师等力量，采取有偿聘请、无偿招募等形式，组建起相对稳定、专兼职结合的教师和管理人员队伍。如罗湖区的每个社区有5—10名"五老"参与，每天有2名"五老"轮流值班，每逢周五由"五老"讲授书画、剪纸、法制知识和卫生常识等（丁光辉，2016：92）。

在内容方面，"四点半学校"产生之初就明确了教学活动要有别于学校的正规课程教育和社会培训班，重在普及知识、激发兴趣、陶冶性情，不在于培养特长、参加竞技、应付考试。因此，"四点半学校"注重举办小型多样、轻松活泼的综合活动，包括文艺鉴赏、文明礼仪、心理健康、经典诵读等特色课程，以及各类德育实践活动（丁光辉，2016：90）。

"四点半活动"

在"四点半活动"中，最初深圳市教育局依据各中小学校实际在校生人数，按照生均每年 350 元的标准，对活动开展予以补贴。2019 年，经过调研和座谈，学校普遍反映生均每年 350 元的补贴标准较低，难以满足学生多样化和个性化的需求。2020 年，经费标准提高至每生每年 1000 元（姚卓文，吴璇玲，2019；姚卓文，2020）。在市财政补贴的基础上，各区级财政根据实际情况对学校提供额外补贴。如福田区在市级补贴经费的基础上，再按照生均 600 元 / 年的标准对公办学校予以经费支持。而南山区则在市级补贴经费的基础上再按生均 350 元 / 年的标准予以经费支持[1]，惠及区内的所有中小学生。

在教学者方面，"四点半活动"支持学校聘任具备良好职业道德和专业素养的相关专业人员或团队，参与或协助学校开展"四点半活动"。如深圳实验学校在 2016 年从校外精心

---

[1]　数据来自田野调查访谈。

甄选 79 人担任"四点半活动"客座教授或荣誉教师[1]。"教学者"的范围由学校教师扩展至社会各界、不同年龄层和不同职业背景的专业人员。

教学者的创新引发了教学内容的创新。学校在教育局的支持下以购买服务等形式，引入社会各类德育、科技、文化、艺术、体育等教育资源。深圳实验学校在 2016 年开设了 34 门校本选修课程，涉及人文、科学、体育、艺术和实用技能五大类别。红岭中学以"四点半活动"为平台，拓展学生社团 100 多个。南山二外提出"2+2+1"目标（即规定每一位学生须参加两项体育和两项艺术活动，再自主选择一项特长学习）。宝安弘雅小学形成了一套完善的校外资源进校园考核机制，引入活动项目达 60 个[2]。此外，一些学校还开设特色课程，如福田区莲花小学的"风筝课"和"园林设计课"、盐田区田东小学的粤剧四点半活动课程、园岭实验小学的微笑课程等[3]。

4. 项目实施效果评估

截至 2021 年 6 月，深圳市义务教育阶段公办学校目前

[1] 深圳市教育局 . 我市中小学"四点半活动"试点初见成效 [EB/OL]. 2016-03-22, http://szeb.sz.gov.cn/szsjyjwzgkml/szsjyjwzgkml/qt/gzdt/content/post_5516498.html

[2] 同上。

[3] 广州日报 . 关注中小学生放学早 四点半学校"课堂"很有料 [EB/OL]. 2018-03-06, http://www.chinanews.com/sh/2018/03-06/8460857.shtml

72.9% 的小学生、83.4% 的初中学生参与了"四点半活动"课后服务，72.3% 的小学教师、70.5% 的初中教师参与了"四点半活动"课后服务工作；不少学校的学生参与率、教师参与率与家长满意度在 90% 以上[1]。但总体而言，由于项目实行时间较短以及缺乏完善的项目评估机制，目前并无对"四点半活动"系统的项目评估。

回顾"四点半学校"和"四点半活动"的探索历程，由政府提供政策和资金支持，以社区和学校为学生托管的中心，政府、社区、学校合力解决课后托管问题，这在减轻家庭育儿压力的同时，实现了政府、学校、社会之间的协同创新与联动发展。

深圳市海滨实验小学的"四点半活动"

深圳市海滨实验小学是深圳市南山区直属公立学校，是首批"四点半活动"试点学校。1995 年建校之初海滨实验小学就在深圳市率先提出"以美启真"的办学主张，倡导通过艺术的手段，来启发学生掌握真知，培养真情，学

---

[1]　新华网 . 课后服务让"四点半"后的深圳中小学校园焕发新活力 [EB/OL]. 2021-06-25, http://www.xinhuanet.com/2021-06/25/c_1127597395.htm

做真人。经过 20 多年的艺术教育改革与实践，海滨实验小学铸造出了具有区域特色的艺术教育品牌，形成了享誉南粤的"海滨艺术教育模式"，先后荣获"全国学校艺术教育工作先进单位""深圳市文明示范单位""深圳市教育系统先进单位"等荣誉称号，并两次获得"深圳市办学效益奖"。

海滨实验小学的"四点半活动"主要有三大类：自主作业、自主阅读、社团活动，参与人数比例大概为 1:1:2。每个年级都开设了自主作业和自主阅读的几个班，采取学生自主学习、教师现场答疑的方式进行。该校一、二年级学生不布置作业，课后服务以艺术社团和自主阅读为主。自主作业课后服务班针对三至六年级学生，由语文、数学、英语、科学这四科教师统筹协调，保证当天作业时长控制在一小时以内，尽量让学生不带作业回家。

作为艺术特色学校，海滨实验小学开展了丰富多样的社团活动。学校有 65 个普及类社团、115 个强化类社团、32 个精品类社团，学生可以自主选择参与，每位学生都有一份个性化课后服务活动表。每天下午都有 40 多个社团开展活动，开设器乐类、舞蹈类、曲艺类、美术类、书法类、体育类、科技类等社团课程，满足学生丰富的兴趣爱好，提升学生的综合素质。

学校积极与其他社会机构合作，为社团活动带来更多的支持。在深圳市非物质文化遗产周，海滨实验小学与南山区文化馆合作，作为南山区非物质文化遗产传习基地，专门在"四点半"社团活动中开设了传统编织、"俏舞"舞蹈的课程项目，将非物质文化遗产的宣传融入到小学义务教育当中。海滨实验小学还与中国科学院深圳先进技术研究院合作，每周2位校外导师进校指导开展小课题探究。

参考资料：

[1] 深圳市海滨实验小学 . 海滨实验小学简介 [EB/OL]. 2023-02-18. https://hbsyxx.szns.edu. cn/xxgk/xxjs/201709/t20170915_1148.html

[2] 南方都市报 . 开展课后服务两周，深圳南山家长：家庭幸福指数直线提高 [EB/OL]. 2021-03-17. https://www.163.com/dy/article/G5A07VHO05129QAF.html

[3] 深圳晚报 . 记者走进义务教育阶段学校探访课后服务情况 活动称心 学生开心 家长放心 [EB/OL]. 2021-03-03. https://baijiahao.baidu.com/s?id=1693190594293217128&wfr=spider&for=pc

[4] 深圳市海滨实验小学 . 多彩非遗 魅力海滨 [EB/OL]. 2020-11-06 https://mp.weixin.qq.com/s/ CQ6_YgrAlxTfjFErYHBWlg

（二）深圳明德实验学校：走出围墙的学校教育

1. 项目概况

深圳明德实验学校成立于 2013 年，是一所由福田区政府与腾讯慈善公益基金会合作办学的小学、初中、高中十二年一贯制公立学校，也是国内首家"公立非公办"学校。这种在基础教育领域由公益与政府合作办学，实行董事会领导下的校长负责制，管理去行政化、管办评分离，教学上实行走班制、导师制、学分制等创新举措的办学模式被称为"明德模式"（李丽，2015）。明德实验学校的成立标志着旧有的"公办"或"民办"的办学模式被打破，证明了"公"与"民"可以合作互补，取长补短，探索出了新的办学道路。

明德实验学校以"明德正心，自由人格"为校训，致力于培养能参与国际竞争与合作，具有中国情怀、国际化视野和现代公民意识的创新型人才[1]。2015年，明德实验学校兼并碧海小学，成立明德碧海校区。2016年，明德实验学校的第一届学生参加中考，平均分为深圳市福田区第一名。同年，学校启动了纵向贯通的十二年一体化课程改革行动计划，正式开启高中招生（程红兵，2018：141-143）。

明德实验学校建立至今，在社会上引起了办学示范效应。在腾讯慈善公益基金会之后，深圳陆续涌现出同心慈善基金会、红岭公益教育基金会、万科教育发展基金会等，与政府开展合作，共同探索公益与政府合作办学的模式（李丽，

---

[1] 来自田野调查中与明德实验学校管理层的访谈。

2015)。从宏观上看，在明德实验学校的影响下，办学体制改革逐渐深化；从微观上看，明德实验学校引发了一系列的教育管理方式和教学方式的创新。这也体现了深圳在深化基础教育改革道路上的创新和探索。

2. 学校与其他教育者的合作

明德实验学校的成功建立得益于多元主体共同办学的办学模式创新。传统公办学校在管理体制上，经费支出和人员任免几乎完全由教育行政部门决定，因而出现了办学自主权较弱、管理和人员配置不灵活、缺乏教师激励等问题。而"明德模式"之所以能成功运转，首先依赖福田区人民政府愿意与公益办学主体合作，并放权给明德教育基金会、明德校董会。

2013 年，福田区人民政府与腾讯公益慈善基金会签署《合作办学框架协议》。根据《协议》内容，福田区人民政府与腾讯公益慈善基金会共同组成深圳市明德实验教育基金会、明德校董会作为明德的委托管理方，是学校的管理主体。学校董事会是学校的最高管理、决策机构，具体承担办学责任。也就是说，学校的人事权、经费使用权、教育教学权实现了有效下放（程红兵，2017）。

作为合作另一方，腾讯公益慈善基金会是 2006 年由腾讯公司发起的中国第一家由互联网企业发起成立的公益基金会，宗旨是"致力于公益慈善事业，关爱青少年成长，倡导企业公民责任，推动社会和谐进步。"教育发展项目是腾讯公益慈善基金会的重点项目，自基金会成立以来，在教育发展项目上的投入已经过亿（李华等，2015：468）。

由福田区人民政府和腾讯公益慈善基金会共同组成的明德校董会负责全球遴选任命学校校长，审核学校的发展规划、高级管理人员、财务状况。而副校长、校长助理则由校长提名，董事会进行考察，辅助和支持校长建立以其为中心的学校管理团队。这样一来，办学权层层下放到学校核心管理团队（程红兵，2017）。与传统公立学校相比，明德实验学校在人、财、教育教学管理等多方面的学校管理运作事务上具备了充分的灵活性和改革空间。

3."教学内核"的创新

在资源方面，腾讯公益慈善基金会注入 1 亿元作为明德教育基金，福田区政府配套 1 亿元资金，共同组成了明德教育基金，从而使明德实验学校有了比较充分的经费保障（程红兵，2017）。由于明德实验学校的"公立非公办"性质，学校用地、校舍建设和教学设施设备依然由福田区政府配置，每年按生均经费标准拨付教育费用，提供学校的日常运营费用[1]。

资源上的另外一项创新在于明德实验学校提倡"开门办学"，充分利用周边的社区资源。学校践行"社会即学校，生活即教育"的思想，坚持"把学校打开"的课程理念，突破了学校的围墙（鲁江，付华敏，2019）。学校在开设体育课时充分利用毗邻香蜜湖体育公园的地理优势，利用体育公园开设课程，既解决了校内场地不足的问题，又促进学生走进自然、走进社区，可谓一举两得[2]。学校还设置了研学旅行课程，包括自然教育、生活体验、文化考察、科技创新四大类课程体系。这些课程充分利用了深圳市内的各种资源，如香蜜公园、深圳大鹏地质博物馆、深圳梅林水厂、深圳红树林自然保护区等（鲁江，付华敏，2019）。这些市内的公共场所成了学校外的"教室"，在空间上实现了"社会即学校"的理念。

除了利用社区资源外，明德实验学校还利用教育科技的发展，进行"线上线下"融通教学的尝试。学校建立了线上

---

[1] 来自田野调查中与明德实验学校管理层的访谈。

[2] 香蜜公园相关课程的介绍来自田野调查中与明德实验学校管理层的访谈。

的虚拟学校——"海豚学院"。一到十二年级老师录制好微课后上传"海豚学院"，供学生自学使用[1]，从而在资源创建和积累的过程中实现"突破学校的围墙"。

在教学者方面，明德实验学校首先在教师的招聘机制上进行创新。传统公立学校的教师主要由教育局和人事局负责招聘和选派，容易出现教师和学校之间不匹配的问题。而"明德模式"可以依照学校需求自主招聘教师。不仅面向师范院校的毕业生进行招聘，也面向综合性大学、工科院校，甚至是企业进行招聘。除了看重教学能力外，学校也看重应聘者的教学热情、研究热情、学习热情。其次，明德实验学校在教师的管理体制上也进行创新。传统公立学校中的教师采用统一管理模式，人事制度上缺乏对教师积极性的保护和激发。而明德实验学校在教师管理上则采用企业式的管理方式，从校长到老师全部去编制化管理，具备招聘、用人的灵活性。教师薪酬在腾讯的指导下建立，以"多劳多得"为主要原则。绩效工资占教师工资的 43%。同时在职称评定方面，采用自定职级的模式，在一定程度上克服了传统公立学校"刚性"

---

[1] "海豚学院"的介绍来自与明德实验学校管理层的访谈。

用人机制带来的弊端，从而激发了教师的教学积极性[1]。再次，学校还将学校教育中的"教师"概念向社会和企业进行延伸（程红兵，2015）。不止学校中的教师是"教师"，企业中的专家，甚至学生家长也都可以成为"教师"。因此，明德实验学校经常请腾讯工程师到校教学。在个别课程中，腾讯工程师也会加入明德实验学校的教研团队，与老师共同开发课程。同时，学校还充分发动家长资源，邀请学生家长到校开设兴趣课程。在"四点半活动"政策的支持下，明德实验学校邀请学生家长开设紧急救护课、法律课、高尔夫课，不仅丰富了学生的课程内容，也使得学校教师团队与各行各业的专家进行思想的碰撞，不同的经验得到融合，有助于教师的教学能力进一步提升。

在内容方面，明德实验学校不局限于课本知识的学习，主张"世界是孩子的教科书"，引导学生走出学校围墙。明德实验学校在国家课程之外，围绕学科的核心素养开展了很多其他课程。课程按照"1+N"的形式设计。"1"指的是国家课程，"N"指的是校本拓展课程。基础课程指向知识；拓展课程指向能力，以学生的社会实践、研究性学习、动手操

---

[1] 教师队伍的内容来自与明德实验学校管理层的访谈。

作为主要的课程形态，辅之以项目式学习和研究性学习的方式，激发学生对周围的好奇心，培养学生解决问题的综合能力。学校曾开设跨学科整合课程——"湿地研究"，以物理、化学、生物和地理的学科知识作为工具。课程中有一组学生在学习了相关知识后对建设"海绵城市"非常有兴趣。在老师的带领下，学生到深圳光明社区进行了走访调查，观察路面、草沟、绿地、屋顶等建设方式，并与深圳城市规划设计研究院的设计师当面交流。"海绵城市"的研究最后形成了具体的社区建设的建议书。而该建议书最后变成了政协委员提案中的一部分，成为区政府的重点提案之一[1]。"海绵城市"的研究只是学校众多研究性学习的一个案例。学校每年会向学生征集 100 多个探索研究的"小课题"，鼓励学生进行基于生活、基于现实问题的研究，并组织专门的小课题成果发布会。明德实验学校非常注重培养学生的自主思维和以实际问题为导向的研究能力。

4. 项目实施效果评估

从 2013 年成立至今，建设全面"打开"的学校、突破学校围墙对教育的阻隔，"把世界当作教材，把社会当作学

[1] 海绵城市的研究案例来自与明德实验学校管理层的访谈。

校，把天地当作教室，让学生走进博物馆、高校、企业、社区、农村、军营和大自然，将教育教学活动置于现实生活之中"，一直是明德实验学校力图实现的教育图景（鲁江，付华敏，2019）。回顾明德实验学校的办学和改革历程，其成功之处在于踏出学校原本的舒适圈，连接教育系统中的其他参与者，实现多元主体的教育治理。2019年深圳市成为"中国特色社会主义先行示范区"，如何在教育领域进行"先行示范"，"明德模式"无论是在办学体制还是在课程改革上或许都会提供一些思路和启发。

深圳明德实验学校"海豚银行"

"海豚银行"开创了校园金融教育的先河，是深圳明德实验学校进行德育社会化探索的重要方式。通过给每位学生开户，以海豚币的形式来激励学生向善向好，奖励学生在学业、竞赛、荣誉、校园岗位服务等方面的表现和成果，同时也设置惩罚制度，要求违规班级或学生到银行营业厅缴纳罚款。

海豚银行创建于2018年，创立初期使用一间教室作为临时办公场所，每周一至周五营业，设置兑换区、个人业务区和对公业务区。2022年海豚银行营业厅正式落成，设在位于香蜜校区树人楼一楼连廊，占地 32 平方米。

海豚币是海豚银行的专门货币，至今已经发行了 6 个版本、上百款海豚币，不仅有特制纪念币，图案也有多个系列，如中华民族、古代科技、世界遗产、航天科技等，具备收藏功能。海豚币可以用于在银行兑换礼品，或者存进银行来获得利息，也可以在学校内部流通。海豚银行兑换区有实物礼品、活动类礼品和虚拟类礼品。实物礼品有各类文具和文创产品，如海豚红包、海豚口罩，还有学生自己制作的黏土作品；活动类礼品包含影票、剧票、游园活动等；虚拟类礼品如优待卡。学生可以使用海豚币购买学校的商品，如美食、电影票等，甚至是参与竞拍"土地"。学校的"开心农场"作为劳动教育课程基地，在 2022 年首次划出了 13 块农场土地，模拟社会拍卖，学生可以利用海豚币集资，成立股份公司竞拍土地，成为"农场主"。

海豚银行的运作全部由学生负责。在校园招聘会上，海豚银行会招募行长、出纳、会计、大堂经理等职位，有意竞聘的学生们会体验初试、复试、岗前培训、上岗、绩效考核、领取工资的全过程，获得真实的就业和职场体验。这种学生自主管理的模式能够锻炼沟通能力、客户服务能力、组织能力、随机应变能力、数据处理能力、团队合作能力等综合素养。

海豚银行还获得了交通银行深圳分行的支持，作为"金融之星孵化基地"，帮助促进学校和社会的共同育人。

参考资料：

[1] 深圳明德实验学校（集团）.海豚银行营业厅在明德建成！交通银行行长和腾讯基金会领导到场揭牌 [EB/OL]. 2022-11-27. https://mp.weixin.qq.com/s/mqFhh4Y7sdYeT3B-qnad7g

[2] 中国教育新闻网.深圳明德实验学校（集团）：用"存折"记录学生成长 [EB/OL]. 2022-12-22. https://baijiahao.baidu.com/s?id=1752904732121567546&wfr=spider&for=pc

[3] 南方都市报.这所学校举办土地"拍卖"会！13 块菜地全部成交 [EB/OL]. 2022-10-30. https://www.163.com/dy/article/HKULVKHB05129QAF.html

（三）深圳图书馆：推动未成年人终身学习

1. 项目概况

图书馆是学习型社会的重要载体，是教育生态系统的一个重要组成部分。2003 年，深圳市正式启动深圳"图书馆之城"的建设，是全国最早提出建设图书馆之城的城市（深圳市建设图书馆之城推进办公室，2006）。经过 10 余年的建设，目前深圳已经形成了以深圳图书馆为中心、以区级图书馆为次中心的城市公共图书馆服务体系。

作为深圳市公共图书馆服务体系的核心，深圳图书馆不仅为全体市民提供了丰富的阅读资源，还对青少年教育予以较多关注。深圳图书馆一方面"走出去"，通过与学校合作，在学校内建立"青少年阅读基地"，为青少年提供便利的阅读场所；另一方面"引进来"，通过为青少年读者提供符合年龄特征的阅读书目、举办各种阅读活动等方式吸引青少年到馆阅读。此外，深圳图书馆还设置"学生志愿者"的岗位，鼓励青少年读者深度参与图书馆的日常工作。

2018 年度深圳图书馆的服务数据显示：深圳图书馆年度进馆读者 2953.8 万人次；文献外借 1369.7 万册次；自助设备外借量占比 93.27%；举办活动 1.4 万场；活动参与读者 501 万人次；网站点击数 2207.3 万人次；微信推文年阅读量 654.9 万人次[1]。

2. 学校与其他教育者的合作

为了推进青少年的课外阅读活动，支持学校素质教育开展，深圳图书馆自 2018 年起面向深圳市各中学开展"青少年阅读基地"项目，包括指导学校在自有图书馆内创建经典阅读空间，配送"南书房家庭经典阅读书目"图书及各类精选获奖图书，为"青少年阅读基地"提供针对性的讲座、展览、演出、比赛、培训等阅读相关的活动并提供阅读指导等。除了提供线下资源外，深圳图书馆还提供优质的数字图书和课程资

[1] 数据来自与深圳图书馆的管理层访谈。

源，辅助学校进行学生阅读行为分析[1]。"青少年阅读基地"促进了馆校合作长效机制的建立和校内外优质阅读资源共享。

除了"走进"学校，直接与学校合作外，深圳图书馆为了促进青年学生来馆阅读，还与市内的各个学校合作，打通学生信息，由学校向图书馆提供学生资料，图书馆统一帮学生完成图书证的办理，使得学生借书更加方便[2]。同时，深圳图书馆还专门设置了"学生志愿者"的志愿活动岗位，接受12岁以上的初高中生担任馆内少儿区的学生志愿者。学生志愿者接受培训后，可以负责图书的整理和上架、读者咨询和设备使用指导、阅览区内秩序维护以及少儿区内的各项其他活动等日常工作。深圳图书馆为完成志愿服务的学生提供学生志愿服务证明，并且对接义工联系统，录入相应的学生义工服务时长。该时长信息会进入学生的综合素质考核中，与学校的综合素质考核体系对接[3]。

3. "教学内核"的创新

深圳图书馆作为校外的学习空间，突破了传统学校教育

---

[1] 深圳图书馆. 深圳图书馆"青少年阅读基地"招募公告 [EB/OL]. 2020-09-10, https://www.szlib.org.cn/article/view/id-35097.html

[2] 深圳图书馆的读者证服务信息来自与深圳图书馆管理层访谈。

[3] 深圳图书馆. 学生志愿者培训报名信息 [EB/OL]. https://www.szlib.org.cn/page/concentrated-children-read-volunteers.html

的围墙，为青少年提供了新的学习空间。图书馆引进来自社会各界的教学者，提供了丰富的阅读活动，这些阅读活动作为教学内容，发挥了重要的教育功能。

从资源上看，深圳图书馆分为老馆和新馆。老馆目前已经改造成为专门的少年儿童图书馆。新馆坐落在福田区，一层有专门的少儿阅读区。2016 年，深圳图书馆创建集"学习、探索及开拓思维"于一体的创意阅读空间——"创客空间"，开展"青少年创客成长培养计划"。在"创客空间"之外，深圳图书馆还将原来的读者餐厅改造为"南书房"阅读空间，配备了 6000 余册以社科经典为主的图书供读者浏览（杨雄标，2016）。以"南书房"为主要阵地，深圳图书馆推出"南书房"家庭经典书目并开展相关系列活动，目前已经连续发布了 7 期"南书房"家庭经典阅读书目。在选择书目时，图书馆特意避免与外界培训补习机构的辅导书目重合，同时选择了众多的经典书目，希望让青少年回归经典。在推出经典阅读书目后，很多"老书""旧书"重新进入了青少年的视野，《世说新语》等作品成为受青少年追捧的"新时尚"。

如果将"创客空间"和"南书房"看作是馆内阅读的"固定空间"，那么港铁上的阅读二维码就是一个阅读的"移动空间"。深圳图书馆与港铁合作，将馆藏书籍、电子刊物、音乐库、有声书籍等数字阅读资源以二维码的形式搭载在地铁上。乘客可以随时随地扫码阅读免费电子书。地铁空间作为日常空间的一部分，因有了图书馆的加入而成了移动的"学习空间"。此外，深圳图书馆利用各个社区既有的"书香亭"和社区图书馆举办"阅读进社区"活动，将阅读资源推广进社区。这样一来，社区也变成了"移动图书馆"，从而促进了学习型社区的建设。

从内容上看，首先，深圳图书馆会通过各种阅读推广活动吸引更多青少年加入阅读者的行列。基于"南书房"家庭经典书目这一平台，图书馆举办了"少儿阅经典活动"，采用知识竞赛的形式，由图书馆出题，小读者答题，从而吸引青少年阅读经典书目。粤港澳4·23世界读书日征文活动是一个典型活动。它是由香港中央图书馆发起的、深圳与香港合作、连续举办多年的老牌读书活动。活动内容是香港中央图书馆给出特定题目，向两岸的青少年公开征文，并组织香港的青少年到深圳来、深圳的青少年到香港去，进行双方的实地走访和交流。该活动是深圳、广州、香港、澳门四地青少年间重要的文化交流活动，深受青少年的欢迎，平均每次活动中的青少年征文达到千余篇[1]。除了阶段性的活动外，深圳图书馆还会结合自身优势为青少年读者开展系列特色课程。以"创客计划"为例，图书馆每周会组织一个特定主题的创客活动，力图在一年中能够开办适合不同年龄段的多种活动。举例来说，在安排课程时，图书馆会在第一周利用绘本资源，开展面向低龄儿童的绘本演绎课程；第二周则会组织适合小学生参加的编程活动；第三周会组织适合初高中学生的机器人活动。这样一来，不同年龄段的青少年读者都可以参与到图书馆的活动中来。

在教学者方面，图书馆既有的职工会通过开展阅读活动承担教学职能。同时，图书馆也联合专业机构推出"创客＋阅读"课程，包括"暑期青少年编程训练营""创客国际连线与交流活动"等，打造图书馆自有创客教育项目。

4. 项目实施效果评估

图书馆提供的阅读空间和阅读资源为青少年提供了发现世界、认识世界的窗口。以"青少年创客培养计划"为例，截至 2019 年 5 月，深圳图书馆共开展各类创客活动 325 场，参与者 5659 人次。而图书馆日常服务的青少年读者以及各项活动辐射到的青少年参与者更是不计其数。图书馆提供的知

---

[1]　上述深圳图书馆的活动介绍来自对深圳图书馆管理层的访谈。

识、经验和技能是对学校教育的一种必要补充，图书馆在教育系统中的参与和行动也可以折射出其他教育者在促进教育协同创新中的努力。

"青少年阅读基地"

"青少年阅读基地"是 2018 年深圳图书馆与学校联合打造的文化品牌，以青少年学生的阅读成长与素质教育为目标，在校园课堂教育之外拓展多元技能。青少年阅读基地由学校提交申请，深圳图书馆会组织座谈交流活动并对申请学校进行实地考察，考察通过后双方签署共建协议。截至 2022 年 11 月，深圳图书馆已经与 4 所高中、1 所职业学校、2 所九年一贯制学校、2 所小学合作建成 9 个 "青少年阅读基地"，覆盖深圳 6 个行政区。

大鹏中心小学在 2021 年 11 月成为深圳图书馆 "青少年阅读基地"，是深圳市大鹏新区首个 "青少年阅读基地"。大鹏中心小学以 "书香" 立校，拥有藏书 10 多万册的 "鲲鹏书苑" 图书馆，学校和图书馆分别获评广东省 "书香校园" 和 2020 年深圳市十大最美校园图书馆的称号。以图书馆为中心，大鹏中心小学建成了 "走廊移动书屋" "教室图书角""园林朗读亭""作文空间""海韵书吧""生态书屋"等无处不在的"书房"。深圳图书馆与大鹏中心小学合作建设了 35 个"种子书屋"，购置全新的 2300 余册少儿读物定向外借到"种子书屋"，并在大鹏中心小学图书馆设置了换书驿站，提供了启动图书近千册。同时，深圳图书馆还为大鹏中心小学学生颁发"鹏城励读证"，学生可凭该卡免押金在深圳"图书馆之城"统一服务平台的 383 家公共图书馆和 302 台自助图书馆借阅，每次可借中文文献10 册，还可以免费借阅数字图书馆资源。

"青少年阅读基地"极大地丰富拓展了学校的阅读资源，实现馆校共建、资源共享。

参考资料：

[1] 羊城派 . 深圳大鹏新区首个深圳图书馆"青少年阅读基地"揭牌 [EB/OL]. 2021-11-24. https://baijiahao.baidu.com/s?id=1717319834824605240&wfr=spider&for=pc

（四）"安全号列车"项目：城中村流动儿童安全教育

1. 项目概况

深圳市在 2015 年成为全国流动儿童数量最多的城市，达到 92 万（吕利丹，段成荣，2020）。他们的家长通常忙于生计而缺乏对孩子的照管，同时城中村社区的人口复杂、设施落后，这些家庭居住环境也往往较差，流动儿童面临的居家安全和交通安全问题尤为严峻。针对城中村流动儿童社区安全事故频发的现实问题，深圳市龙岗区龙祥社工服务中心（简称龙祥社工）自2013年开展了"安全号列车——流动儿童安全预防与自救项目"，从儿童视角出发，以参与式、体验式、开放式的介入方式提升流动儿童及家庭的安全意识，增强安全隐患识别与预防自救能力，凝聚社会力量，改善流动儿童的生活环境，使流动儿童在城市中更安全、更有质量地生活。

截至2021年12月，"安全号列车"项目已覆盖深圳市9个行政区的103个城中村社区、34所民办学校及幼儿园，以及宁夏、新疆、贵州、湖南等地的22个乡村社区，为这些地区的流动儿童提供安全教育及环境改善服务，累计超过20万人次受惠，提升了流动儿童及其家庭的安全隐患预防与自救能力[1]。

2. 学校与其他教育者的合作

"安全号列车"项目作为社会组织主导的、针对弱势群体的教育创新项目，联动政府、社区、家庭、学校、企业等利

---

[1]　社工专业服务，守护儿童健康成长——深圳儿童领域社工服务专题（龙祥社工、彩虹社工、海同社工）[EB/OL]，2022-06-11
https://mp.weixin.qq.com/s?__biz=MzA5OTQ0NjE1Nw==&mid=2651616485&idx=3&sn=c4ba14f8035a98932d43204a84f5dea0&chksm=8b7ae807bc0d6111865e12aa97d9e3c7581f9cb785c7f97abb8f6809ad271fe046f8f5736b2a&scene=27

益相关者，和儿童一起营造安全社区，开发出了一套符合儿童兴趣特点的社区安全教育模式，即实现"儿童能保护自己、家庭能保护孩子、社区能保护孩子、社会能保护孩子"，建构起了涵盖个人、家庭、学校、社区等多重维度的儿童安全教育体系[1]。

首先，"安全号列车"项目的创立者龙祥社工组织成立于2007年，是深圳首批非营利性专业社会服务机构，专注于流动人口救助、困弱群体扶持、儿童青少年成长支援等社会服务，服务对象涵盖儿童、青少年、残障人士等多个群体。龙祥社工从2011年开始对深圳市龙岗区城中村社区流动儿童的生存状况展开调研，发现社区安全在流动儿童的诸多需求中居于首列，同时流动儿童对社区活动的参与意愿达到97.3%。在调研的基础上，龙祥社工在流动儿童居住密集的城中村社区开展了流动儿童社区安全环境营造的实践与研究，设计和运作了"儿童议事会"、家庭入户安全环境评估、"安全总动员·童创友好社区"、"安全小玩童"种子讲师队伍培训、"安全护航·童心童行"体验式安全教育活动、"滴滴侠"社区安

---

[1] 益美传媒，出租屋大火、交通意外…城中村儿童安全事故频发，谁来守护他们的安全？[EB/OL]，2019-07-12，https://mp.weixin.qq.com/s/Q3IPltZK3lj4qvdVw3ASbw

全出行计划、《安妞全仔历险记——儿童安全教育漫画读本》、家庭居家安全包产品等活动和产品，从流动儿童所在的家庭、社区、学校出发，以儿童视角来开展安全教育。

"安全号列车"项目积极利用政府政策和基层政府及党团组织，为项目开展活动提供资金、场地和人员支持。"安全号列车"项目重点关注城市流动儿童的安全教育问题，利用财政部和民政部在 2012 年实施的中央财政支持社会组织参与社会服务政策[1]，连续三年（2015—2017 年度）获得中央财政资金支持；同时，深圳市民政局、团委、妇联、文化宣传等多个部门通过政府购买服务的方式，在流动儿童数量多的学校引进"安全号列车"项目。社区党群服务中心是"安全号列车"项目开展活动的重要场所，这得益于深圳市政府 2011 年出台的《深圳市社区服务"十二五"规划》[2]和《关于推进社区党建标准化建设的意见》[3]两项政策，要求发挥政府、社会、市场和市民参与社区服务的作用，完善社区服务体系、提高

[1]　该项政策详见《中央财政支持社会组织参与社会服务项目资金使用管理办法》。
[2]　深圳市人民政府，深圳市人民政府办公厅关于印发深圳市社区服务"十二五"规划的通知 [EB/OL]，2012-02-22，http://www.sz.gov.cn/zfgb/2012_1/gb776/content/post_4999551.html
[3]　光明日报.深圳让社区党建更"接地气"[EB/OL]，2017-01-08，https://epaper.gmw.cn/gmrb/html/2017-01/08/nw.D110000gmrb_20170108_1-03.htm

社区服务水平。深圳市自此开始建设社区服务中心，服务内容包括党、团、工会和妇联活动，老人、妇女、青少年、儿童服务，社区日间照料、亲子活动、四点半学校、学生午托等等，到 2015 年底社区服务中心已经实现全市覆盖。"安全号列车"项目利用全市覆盖的社区党群服务中心和配套的社会建设专项资金，能够发挥基层政府街道办的组织力量，如妇联、团工委等，开展"儿童议事会"、流动儿童家庭入户安全评估、安全宣传和项目宣传等活动，增强流动儿童家庭对居家安全的重视程度，也让儿童参与到城市建设当中。

在政府之外，"安全号列车"项目还积极与企业和其他社会组织合作，既扩大了项目的影响力，也让项目在全国其他地区落地生根。在企业方面，龙祥社工与滴滴出行联合发起"滴滴侠"社区安全出行计划[1]，包括在社区开展"驻点儿童安全体验服务"和在学校举办"交通安全出行嘉年华"活动，搭建可视化、可互动、可持续的儿童交通安全空间，对儿童进行交通安全出行体验教育。滴滴出行为每个儿童交通安全空间提供 12 万元资金，并利用其企业公众号及其他传播

[1]　龙祥社工，官宣："滴滴侠"社区安全出行合作伙伴深圳公开招募 [EB/OL]，2019-04-22，https://mp.weixin.qq.com/s?__biz=MjM5MTI0MzE1Ng==&mid=2654154706&idx=1&sn=dfb8e9ad4c2e86af847685cdc335f94e&scene=19#wechat_redirect

资源，保证项目的质量同时扩大了影响力。"中国好公益"平台、千禾社区基金会、上海联劝公益基金会等社会公益组织也参与到"安全号列车"项目中，使得该项目在河南、宁夏、新疆等省区和广东其他地区复制落地。

"安全号列车"项目重视家庭和家长的力量，积极搭建社区居民安全互助支持体系，让家长参与到儿童的安全教育当中。"安全号列车"项目组织了由"爱心妈妈"组成的家长安全委员会志愿队，入户为流动儿童家庭进行安全排查，提供消除安全隐患的方案。家长还可以通过学校家委会，成为"安全小玩童"种子讲师，经过龙祥社工培训考核后，家长讲师能够参与到学校的安全教育服务中来。

在学校方面，"安全号列车"项目积极在学校开展活动，让安全教育成为学校教育的重要内容。学校合作方式主要有三种：一是培养"安全种子"志愿者进入学校，以安全月的形式持续开展安全课程；二是以一次性大型活动的形式进入学校开展安全教育体验活动；三是直接派驻学校社工或志愿者团队进入学校，以团体的形式一周一次开展课程辅导[1]。

---

[1]　信息来源于与龙祥社工"安全号列车"项目总干事翁欢琪的访谈。

3. "教学内核"的创新

"安全号列车"项目在学习者、教学者、内容和资源四个方面均有独特和创新之处。

从学习者的角度来看，"安全号列车"项目最大的创新就是坚持"儿童为本"的理念，坚持"基于儿童"和"与儿童一起"的逻辑导向。前者是基于儿童所处的现实环境去设计和实践社区服务活动，倾听儿童的意见，重视儿童的感受；后者是将儿童视为社区的主人，与儿童一起探讨和寻找社区问题的解决办法（翁欢琪，2017）。"安全号列车"项目以"儿童议事会"的形式让儿童亲身参与到安全建设当中来，让儿童以观察、采访、记录等方式，发现身边交通不友好的行为或环境，提出解决方案，并以绘本、立体模型、演讲、相声、情景剧等形式展现[1]。"儿童议事会"的提案展演活动还邀请相关政府部门如教育局、妇儿工委、交通运输局、交警大队的官员进行评论和回应，让儿童感到自己的提案是有价值和意义的。

从教学者的角度来看，"安全号列车"项目在 2017 年开

---

[1] 龙祥社工，童创友好社区，共享美好生活 —— 龙岗街道安全总动员·童创友好社区项目在龙岗街道启动 [EB/OL]，2018-12-26，https://mp.weixin.qq.com/s?__biz=MjM5MTI0MzE1Ng==&mid=2654154348&idx=1&sn=ab37d8eae8660118f36f181247b80d39&scene=19#wechat_redirect

启"安全小玩童"种子讲师队伍培训，经过多维度的严格考核，种子讲师们获得助理讲师、初级讲师等证书，从而鼓励其持续贡献于儿童安全服务，同时每年进行考核定级、晋级及评优[1]。种子讲师的主要来源是社工、社区工作者、招募的志愿者、教师和家长，这些种子讲师将持续地为当地的儿童提供服务，共建儿童安全社会。

从内容上来看，基于儿童的体验，"安全号列车"项目探索符合儿童兴趣特点的社区安全教育模式，让儿童在游戏中获得生活、环境相关的感知和经验。"安全号列车"项目出版的《安妞全仔历险记——儿童安全教育漫画读本》是由社区里的孩子和家长通过情境构思和整理安全知识共同完成的教育读本，该书以生动有趣的漫画形象——"安妞"和"全仔"为主角，展示了常见的居家、交通、饮食等场景的 60 则漫画小故事[2]。"安全号列车"项目还将交通安全与孩子喜闻乐

---

[1]　龙祥社工，桃李天下，龙祥四方 | "安全小玩童" 种子讲师在全国各地生根发芽 [EB/OL]，2019-09-10，https://mp.weixin.qq.com/s?__biz=MjM5MTI0MzE1Ng==&mid=2654155332&idx=1&sn=0abc5c029e72e75b954d417f2491f023&scene=19#wechat_redirect

[2]　龙祥社工，这本安全漫画历经 2 年反复试读修改，只为让孩子们更安全 [EB/OL]，2016-09-29，https://mp.weixin.qq.com/s?__biz=MjM5MTI0MzE1Ng==&mid=506668662&idx=1&sn=24561db2bcd80836c8e5e4404b97286b&scene=19#wechat_redirect

见的小实验、游戏结合起来，开发了"奇幻之旅""安全大冒险""童行斑马线""交通安全飞行棋""交通安全卡牌"等游戏，让儿童在闯关升级中学习安全知识。

从资源上看，"安全号列车"项目基于实践经验开发了一款手提式便捷包裹——家庭居家安全包，免费向流动儿童家庭开放申请。居家安全包采用尼龙材质，具有防水存储功能，内有家具防撞条、儿童安全插排、应急照明电筒、灭火毯、蚊香盒、儿童防毒面罩、逃生绳、常用急救药品等物品，并且附赠了居家安全知识手册。

4. 项目实施效果评估

经过 10 年的实践，"安全号列车"项目直接服务 26 700 余名儿童，使 2 078 户流动儿童家庭居家安全环境得到不同层面的改善，培育了 130 多名"安全种子"讲师、452 名志愿者，组建社区安全护卫队 23 支、家长安全委员会 13 个，分布在不同的社区，编织起儿童安全保护网。项目也获得了较大的社会影响力，多次荣获中国青年社会组织创投大赛金奖荣誉。但是项目产生的实质性效果，如学生和家长的满意度和参与度、学生的安全知识水平是否得到提高、流动儿童安全事故是否减少等问题未有相应的跟踪调查和实证研究。

"儿童安全嘉年华"活动

"儿童安全嘉年华"活动是"安全号列车"项目的重要组成部分，旨在提升儿童安全意识，帮助儿童掌握安全知识和应急技能。"儿童安全嘉年华"活动通常由龙祥社工与当地街道、社区共同举办，通过情景模拟、角色扮演、实操演练等形式开展，儿童和家长可以共同参加。这些活动还招募了当地居民、小学生作为志愿者，在现场为参与者服务。

活动设置"童行斑马线""安全飞行棋""安全标识涂鸦""手脚并用大作战""模拟小交警"等儿童交通安全游戏体验区，儿童可以自由参与游戏，并且通过积累印章来兑换奖品。"童行斑马线"游戏区通过模拟车辆撞击行人的场景，让儿童直观了解撞击的原因和后果，让儿童深刻认识到行走时不仅要走人行道，还要注意车辆行驶方向，预判危险。"安全飞行棋"游戏是将交通安全知识与飞行棋相结合，在游戏过程中需要回答与安全相关的问题前进，如"未成年人几岁可以骑自行车""是否可以从出租车左边上下车"。"安全标识涂鸦"是通过涂鸦填色来让儿童认识和熟悉交通标识，并了解遇到这些标识应当如何行动。"手脚并用大作战"游戏需要儿童手脚并用完成挑战，同时答对交通安全知识。"模拟小交警"是让孩子穿上交警服，练习交通指挥手势，如靠边停车、向左拐等。

除了交通安全以外，"儿童安全嘉年华"还设计了有关居家安全、食品安全、用电安全等方面的活动，通过游戏体验全方位提升儿童安全意识和技能。

参考资料：

[1] 龙祥社工．碧岭 |"安全相伴，快乐同行"社区儿童安全嘉年华活动 [EB/OL]. 2022-06-07. https://www.lxsg.org.cn/m/view.php?aid=2821

[2] 铜兴街道社会工作和志愿服务站."文明出行 安全"童"行"响塘龙社区安全嘉年华伴你行 [EB/OL]. 2020-10-30. https://www.meipian.cn/38dikohc

[3] 龙祥社工．"哎呀"计划——儿童居家安全服务项目之儿童居家安全嘉年华 [EB/OL]. 2020-12-30. https://www.meipian.cn/3c78fkmp

（五）深圳志愿者制度：社区、家庭协同助力学生素质教育

1. 项目概况

深圳作为样板"志愿者之城"，到 2020 年 6 月拥有注册志愿者 186 万人，占常住人口比例为 13.8%[1]。为了贯彻落实教育部于 2017 年 10 月印发的《中小学综合实践活动课程指导纲

---

[1] 中国青年报．广东深圳：推进建设"志愿者之城"4.0 引领志愿服务风向标 [EB/OL].2021-05-12, https://baijiahao.baidu.com/s?id=1698420552160263070&wfr=spider&for=pc

要》的文件精神[1]，充分依托深圳市志愿制度深厚积淀，深圳市教育局于 2018 年 10 月印发《深圳市初中学生综合素质表现评价方案（试行）》（简称《综评方案》），要求学生在初中阶段的前 5 个学期都要参加义工或公益活动积累服务时长[2]。2019 年 10 月，深圳市教育局专门对志愿活动的范畴做了说明，指出凡是能够提供真实佐证材料的"公益活动、志愿者活动、社区服务"都可录入综评系统，学生参加"公益活动、志愿者活动、社区服务"以学校组织为主、自主进行为辅，累计时长并不是只有参加义工组织的活动方能累积[3]。

《综评方案》的内容包括思想品德、学业水平、身心健康、艺术素养和实践创新等五个方面，以写实记录、学生成长过程性资料记录、评语评价及重要观测点计分评价相结合的形式评价。综评方案从 2018 年秋季入学的初一新生开始实施，学校依托学生综合素质评价信息管理平台（学生综合素养成长电子档案系统），建立完善的《深圳市初中学生综合素

[1] 教育部 . 中小学综合实践活动课程指导纲要 [EB/OL]. 2017-10-30, http://www.gov.cn/xinwen/2017-10/30/content_5235316.htm

[2] 深圳市教育局 . 深圳市初中学生综合素质表现评价方案（试行）[EB/OL]. 2018-10-23. http://szeb.sz.gov.cn/home/jyfw/fwxsjz/ywjy/tzgg/content/post_6755359.html

[3] 羊城晚报 . 深圳新中考要求学生做义工？ [EB/OL]. 2019-10-15, http://finance.sina.com.cn/roll/2019-10-15/doc-iicezuev2305955.shtml

质表现评价档案》。根据《深圳市教育局关于进一步推进高中阶段学校考试招生制度改革的实施意见》，深圳将在 2021 年初步形成基于初中学业水平考试成绩、结合综合素质表现评价的高中阶段学校考试招生录取模式[1]。值得注意的是，深圳市是全国首个，也是唯一一个将做义工纳入必修课和升学考核标准的城市。

将志愿服务纳入考核评价体系促进了学生义工群体的扩大。根据 2021 版《深圳志愿服务蓝皮书（2020）》，自 2019 年《综评方案》出台以来，在校学生义工占比上升 6.2%（2020 年为 25%，2019 年为 18.8%）；义工团队朝着更加年轻化、低龄化的趋势发展[2][3]。

2. 学校与其他教育者的合作

社会各方积极开发志愿项目以满足学生需求。首先，团市委、市义工联积极发挥统筹平台的作用，开发更多的志愿

---

[1] 综评结果不计入中考总分：一是学业水平考试成绩相同的情况下，综评等级高者优先录取；二是自主招生学校应当将综合素质表现评价作为录取的重要参考；三是省一级普通高中学校招生录取时对综评结果有要求。

[2] 深圳特区报.“志愿者之城”是这样炼成的 [EB/OL]. 2020-11-08, http://sz.people.com.cn/n2/2020/1108/c202846-34401449.html

[3] 深圳特区报.深圳志愿服务蓝皮书发布, 208 万名志愿者平均年龄仅 31 岁 [EB/OL]2021-03-04, https://www.sznews.com/news/content/2021-03/04/content_24017847.htm

服务岗位，满足暑期学生需求，保护学生参与志愿服务的积极性。很多大型公共设施，如市图书馆、博物馆、机场等，特别开发了针对在校学生，尤其是中学生的岗位；学校方面也积极响应，为充分利用学生在校时间、降低学生通勤成本，校内的许多工作岗位也开放给学生义工来完成，使得志愿服务体验更便利、更为人性化，有利于激发学生积极性。学校方面也成立义工队，常常发布校内义工服务相关信息，招募同学参加，提供了不少义工名额，也缓解了学生们的焦虑[1]。学生处、校团委及各班家委负责人组成了校级综合素质评价志愿服务工作小组，更好地丰富志愿岗位相关信息。譬如，深圳第二实验学校初中部团委成立了校义工队，班级内部也开始了"班级自建服务活动"的尝试。

其次，家长群体间也会共享志愿机会，互助意识良好。活跃的微信群、互助平台成了信息共享的主要渠道；家委会也在学校的强力支持下配合学生拓展志愿机会。学校目前支持各班级家委会每学期发起 3 次活动，组织全班同学共同外出进行义工服务。

---

[1]　南方都市报 . 深圳初中生为升学争做义工，有平台鼓励捐钱抵工时 [EB/OL].
2019-10-14, http://shenzhen.news.163.com/19/1014/10/EREK9I4304178D6R.html

3．"教学内核"的创新

"深圳学生义工"项目获得了来自社会各界、学校和家庭的广泛支持，有利于项目的长久进行。作为全国闻名的"志愿者之城"，深圳市充分利用自身城市特点，开创了国内以学生做志愿服务促进素质教育的先河。

从资源的角度看，该项目充分开发利用了社会各界力量。一些大型的社会服务场馆、文化设施也开放了大量的工作岗位，丰富的服务内容供学生体验。在博物馆、图书馆、医院导诊台、交通路口、公交车站，甚至在街头巷尾垃圾站，都可以看到学生义工的身影[1]。譬如，深圳机场是国内首个单体式以"365天不打烊"方式常态化运作的机场志愿服务站，致力于成为城市志愿服务中心、义工服务中心、青少年教育服务中心、民航志愿服务交流中心，在提供志愿服务、展示义工形象的同时，为义工的培训和成长提供平台，为青少年的社会实践提供机会，共同为提升深圳市的志愿服务水平助力[2]。此外，一些社会活动也充分发掘其社会教育意义，不仅

---

[1]　深圳特区报．进医学营、当志愿者、打暑期工……深圳学生娃暑期生活别样精彩 [EB/OL]．2019-08-30, https://www.gzkp.org.cn/shxqm/12426.html

[2]　深圳机场集团．深圳机场暑期志愿服务迎来 300 学生义工 [EB/OL]．2015-09-15. https://mp.weixin.qq.com/s/KTCzX1KVB-wNhpZYbXsioA

增强了学生群体与社会的互动，也发挥了其本身促文明、树新风的思政教育功能。譬如学生义工化身垃圾分类督导员，主动向居民宣传垃圾分类知识，帮助居民分类投放，提高居民垃圾分类的参与率和投放正确率。

从学习者的角度来看，义工活动的设置拓宽了素质教育的维度，进一步助力于培养德智体美劳全面发展的社会主义接班人。首先，义工活动丰富了素质教育的内涵，打破常规的课堂教育，更多地鼓励学生"走出去"。学生在参与志愿工作的过程中，不仅学到奉献社会的精神，还能培养自己的组织及领导能力，学习新知识，增强自信心及人际交往能力等。其次，义工活动的教育意义不仅仅是在正式的志愿活动中，其筹备的过程也会锻炼学生的综合素质。譬如，从志愿信息获取与分享的过程中，学生通过广泛联络社会组织、组织校内义工队等，其合理拓展资源、信息共享以及协作能力可以得到锤炼。优质志愿项目的稀缺性也进一步增强了学生参与志愿活动的责任感。譬如此前提到的深圳宝安国际机场备受学生志愿者的青睐，许多学生再三报名才争取到此次机会。再次，义工活动丰富了道德教育的方式方法。与传统的"说教"相比，它更多地包含了体验式学习的元素。

从内容上来看，义工活动涵盖的范围较广，以学校组织为主、学生自主进行为辅。累计时长并不是只有参加义工组织的活动方能累积，学校组织开展的校内外公益活动或社区服务、学生自主进行的公益活动或社区服务、参加"志愿深圳"公众号上登记的志愿者服务、中小学生公益活动等能够提供真实佐证材料的"公益活动、志愿者活动、社区服务"都可录入综评系统。此外，志愿项目内容较为丰富，总体而言，学生志愿者较多参与体验类的、教育实践类的志愿服务活动，如：参加在图书馆、少年宫等地开展的文化服务类活动，利于提高学生们的身心素质；参加垃圾分类、护河治水等生态环保类的活动，利于提高学生们的环保意识；参加在交通枢纽、公共场所开展的文明劝导类的活动，利于学生们养成良好的文明习惯等。

4. 项目实施效果评估

由于《综评方案》出台较近，目前还没有系统的、成型的实证性评估。但从目前掌握的新闻或公开出版物来看，总的来说，该项目拓展了学生素质教育的渠道、丰富了课堂的内涵，为培养全面发展的社会主义接班人贡献力量，进一步促进了深圳市义工团队结构调整、向年轻化发展。但项目也存在一些问题，总的来说集中在资源匹配和教育的内涵方面。首先，素质教育初衷虽好，也要考虑与社会相应配套资源相匹配。当二者出现失衡时，就可能造成项目的"供不应求"，导致初中生及家长的困惑迷茫。配套资源的设置包括充足的志愿服务岗位、学校的宣传、舆论的共识等。其次，从教育的内涵来看，义工项目其实更多属于社会教育的范畴，不应该属于学校教育的重点内容，更不应该简单纳入分数体系。纳入考评标准，不仅会丧失其初衷，还更多地助长了学业功利氛围。目前深圳中学生做义工，要化被动为主动，应该联动更多社会组织，让学生主动参与到社会组织或公共服务部门的服务中去，让学生自主发起社会服务[1]。

坪山高级中学义工队

坪山高级中学成立于 2006 年，现为广东省国家级示范性普通高中，是一所寄宿制管理公办学校。秉承"求真、向善、尚美"的校训，连续四年被评为市、区教育系统先进单位，连续 11 年获评深圳市高考超越奖，先后获得深圳市办学效

---

[1]　南方都市报. 做义工有利升高中 有平台鼓励捐钱抵"工时"市教育局：义工并非得分唯一途径 [EB/OL]. 2019-10-14. https://www.163.com/dy/article/ERE9TTPV05129QAF.html

益奖等40余项集体奖项，获评"全国科学教育实验基地""全国国防教育特色学校"等荣誉称号。

坪山高级中学义工队创建于2013年12月，设有先锋义工队、园丁义工队、春晖义工队、雪莲义工队、红棉义工队五支义工服务队，分别以党员教师、教师职工、家长、本地班学生和新疆班学生为主要成员。在校内开展的义工服务主要包括返校服务、离校行李搬运、国旗班服务、礼仪队服务、核酸检测演练、图书馆义工、校运会服务等等。在校外开展的义工服务有前往当地汽车站帮助乘客搬行李、到敬老院照顾老人、慰问老党员等。

义工队不仅仅面向校内和社会，同时也是自助平台。坪山高级中学自2012年开始承办内地新疆高中班，接收来自新疆喀什的学生。先锋义工队和雪莲义工队是党员校亲团成员，每一名党员认领一名新疆班学生，作为他们在深圳的家长，组建党员校亲团，一起参加义工活动。

2021年义工队有在校义工2071人，累计服务时长26 612.6小时。截至2023年2月，累计有5 453名注册义工，发布了433个志愿项目。坪山高级中学义工队获评坪山区2020年度先进义工组织。

参考资料：

[1] 坪山群团 . 坪山区 2020 年度先进义工组织风采 | 坪山高级中学义工队 [EB/OL]. 2021-04-08. https://www.sznews.com/news/content/2021/04/08/content_24114748.htm

[2] 志愿深圳 . 坪山高级中学义工服务站志愿深圳主页 [EB/OL]. 2023-02-18. https://www.sva.org.cn/default.aspx?_c=Group&GroupID=7622#_DIV_TabProfile

[3] 广东共青团 . 81 名新疆学生寒假做义工感恩深圳 [EB/OL]. 2013-06-14. https://www.gdcyl.org/Article/ShowArticle.asp?ArticleID=157099

四、深圳教育的前景与启示：引进资源、内化发展、融合创新

（一）深圳社会经济发展特征

深圳地处珠江口东岸，东临大亚湾和大鹏湾，西濒珠江口和伶仃洋，南隔深圳河与香港相连，是粤港澳大湾区四大中心城市之一、国家物流枢纽。深圳水陆空铁口岸俱全，是中国拥有口岸数量最多、出入境人员最多、车流量最大的口岸城市。这一地理位置决定了深圳是资金、技术、人才等生产和生活要素汇通南北、往来东西的枢纽。

深圳作为中国内地改革开放的前沿、中国经济社会发展的先行示范区，借助毗邻香港的地缘优势，金融业、物流业、文化产业、高新技术产业快速发展并且迅速成为支撑深圳经济的支柱产业。伴随着国家战略的调整，深圳的生物产业、互联网

产业、新能源产业等新兴产业也得以快速发展。这一产业发展定位决定了深圳是中国经济和社会发展的一片试验田，在很多政策上具有先行先试的地位。深圳经济总量长期位列中国大陆城市第 3 至 4 位，位列上海和北京之后，是中国大陆经济效益最好的城市之一。深圳产业类型以二、三产业为主，为技术密集型结构。2020 年，深圳地区生产总值达到 27 670 亿元，同比增加 3.1%，居亚洲城市第五位；2015 年以来年均增长 7.4%。其中，2020 年第一产业增加值 25.79 亿元，占全市地区生产总值的比重为 0.1%；第二产业增加值 10 454.01 亿元，增加值比重为 37.8%；第三产业增加值 17 190.44 亿元，增加值比重为 62.1%[1]。

深圳市是中国设立的第一个经济特区、中国改革开放的窗口和新兴移民城市。截至 2020 年 11 月 1 日，深圳市常住人口为 1 756 万人，其中市辖区内人户分离人口为 167 万人，流动人口为 1 244 万人。与 2010 年第六次全国人口普查相比，全市常住人口十年共增加 714 万人，增长 68.46%，年平均增长率为 5.35%；流动人口增加 422 万人，增长 51.29%。全市常住

---

[1]　深圳市统计局 . 深圳市 2020 年国民经济和社会发展统计公报 [EB/OL].
2021-04-23, http://www.sz.gov.cn/cn/xxgk/zfxxgj/tjsj/tjgb/content/post_8718466.html

人口中，15 岁及以上人口的平均受教育年限由 10.91 年提高至 11.86 年。人口数据说明，深圳是一个开放的城市，流动人口达到 40%。而全市常住人口中，0—14 岁人口占 15.11%；15—59 岁人口占 79.53%；60 岁及以上人口占 5.36%。这说明深圳是一个蕴藏巨大生产力的城市，80% 的人口都是劳动人口。

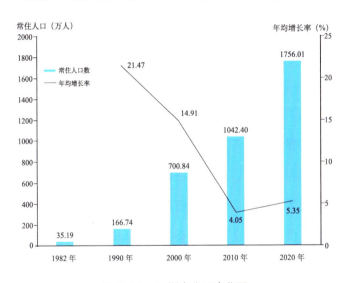

图 3.4.1　深圳市人口变化图

来源：深圳市统计局

（二）深圳社会形态与其教育取向

创新一直是深圳的城市发展密码，经过 40 年的发展，深圳已逐渐形成一个以城市创新为平台、以企业创新为龙头、以学校创新教育为基础、以构建阶梯式人才队伍体系为特征的一个完整的创新体系。因此，在深圳经济社会发展进程中，"开放"代表了深圳人的心态特征，"多元"代表了深圳人的价值认同，"创新"是推动发展的关键词[1]。

深圳在中国经济的崛起和发展中占据了不可替代的地位。一方面，深圳产业的发展要求从业者和劳动者具备较高的专业知识和良好的受教育经历；另一方面，深圳经济发展带来的高科技、高净值人群聚集也向公共服务，特别是优质教育服务提出了要求。如何能在吸收外来人才的同时完善教育方面的公共服务并促进本土化人才的可持续培养，成为深圳城市发展的当务之急。深圳经济社会中的开放、多元、创新三个元素也为其教育中的引进资源、内化发展、融合创新等多项举措提供了思想土壤和社会基础。具体而言，深圳的社会价值体系与其教育发展策略提供了需求基础、心理基础和文化基础。

第一，深圳人的教育选择呈现多元化取向，无论公办教育还是民办教育，无论是国内教育还是国际教育，都在某方

[1]　人民教育 . 40 年，深圳基础教育有了这些新变化 [EB/OL]. 2020-10-14.
https://mp.weixin.qq.com/s/DzZMsjtuKwMuc-H_1Kw6Zw

面契合了一部分人的价值诉求。这意味着单一的供给主体很难满足多元化、异质性的需求，单依靠政府无法提供所有人都满意的教育体系。对丰富性和可选择性的追求为教育系统的多元化发展提供了需求基础。

第二，深圳是一个以外来人口为主的城市，对来自全国各地的各行业技术和管理人才奉行"来了就是深圳人"的信条，这决定了深圳具有开放的视野和包容的心态。开放的深圳对于外部资源的引入秉持悦纳的态度，从基础教育的发展到高等教育的发展，深圳一直对全国甚至国际上的优质品牌和教育资源保持开放的心态，积极推动优质教育资源的引入和合作办学，高薪引进全国各地的名校长、名师以及优秀大学毕业生从事教育工作。这为优质教育资源的引入、多方力量参与办教育奠定了社会舆论的心理基础。

第三，深圳的创新文化是支撑深圳经济社会发展的动力，整个城市的发展过程就是一个创新迭代的过程。政府的主要功能是提供创新支持和监管平台，企业、学校、社会组织都成为创新的主体，各行业各类人才也形成了一个具有创新精神和创新能力的队伍。这为社会力量参与办学，开创一个学校与社会力量协同创新的局面提供了文化基础。

（三）深圳教育协同创新的启示

深圳教育虽然发展起步晚，但凭借政府对教育的高度重视和大量资源投入迅速崛起。在教育快速发展，满足基本需求的前提下，需要深入思考的是如何提升教育质量，优化结构，实现可持续发展。在政府的大力投入和社会力量的积极参与之下，为推动深圳经济社会持续发展，并在全国发挥教育方面的先行示范作用，深圳有很多教育创新的实践。在此之中，教育生态系统中多元主体发挥各自的参与活力和创新意识，力图实现整个教育生态系统的深度融合发展。

在资源方面，这些活动基本上都是社区、企业、非企业社会组织等与政府或者学校共同发起的，学校以外的组织为创新性教育活动的开展提供的支持包括三个方面。一是直接的经费支持，例如：以腾讯为代表的企业，出资建立教育基金会；"滴滴出行"等为流动儿童安全项目提供资金。二是提供教学场地支持，例如：深圳机场为志愿活动提供场景和基地，成为首个"365天不打烊"志愿者服务站；社区为儿童安全教育宣讲和活动、四点半课堂、志愿服务等提供场地和信息资源。三是提供教学资源，例如：深圳图书馆为学生提供云端学习资源；腾讯公司为明德实验学校提供科技资源。

在内容方面，传统学校体系教育以价值观培养为先，以学科知识教学为主，但存在一些现实问题。例如：为了在教育竞争和筛选中占据有利地位，学校往往更强调学科知识，而对德育不太重视；学科教育只关注考试内容，考什么教什么，而不关注学生对实际问题的解决能力。所以教育创新的内容往往选择传统学校教育缺失或者忽略的部分，在三个方面培养学生的能力：一是通过举办多样化的活动对学生进行价值观的教育，培养学生对社会的责任感、对他人的关怀、对自身价值的追求，例如志愿者服务本身就是对奉献精神的追求，对社会现实的理解和反思。二是通过实践性课程帮助学生在其知识体系中联结学校与社会，培养学生运用所学知识跨学科思考和解决问题的能力，例如："四点半活动"就是一个跳出原有的学科体系，跨学科学习知识的学习过程。志愿服务也能锻炼学生在生活中运用所学解决问题的能力；三是通过创新项目特色课程培养学生的创新能力，例如：明德学校为学生提供了很多创新性的社会调研学习项目；图书馆为学生提供了创客相关课程；"安全号列车"项目的实施者龙祥社工注重发挥学习者创造性，通过多种方式开展安全教育。

在学习者方面，创新项目在两个维度重塑了学习者角色——分别是"泛在学习"和"参与学习"。第一，创新项目把学习者的时间和空间进行了拓展，从在校拓展为校外随时随地学习。相对于学校教育而言，创新项目属于非正规教育，这些项目大多突破了学校的围墙，脱离了场地的限制，例如：深圳图书馆的延伸阅读空间使得地铁上也能学习；"四点半课堂"把教室搬进了社区，延展到了放学之后。第二，创新项目把学习者的角色从被动接受者变成了主动设计者，例如"安全号列车"项目强调基于"儿童为本"的理念，一切"基于儿童"需求设计活动，同时"与儿童一起"，以"儿童议事会"的方式为项目建言献策，鼓励儿童以参与者的身份加入项目设计。

在教育者方面，大多数创新项目的共性就是教育者来源多样化，特别是吸纳了社会各行各业的从业者，而不再仅仅是师范专业毕业或从事教师职业的教育者。例如"四点半活动"中的"五老"，教育者边界的突破与"让世界成为孩子的教科书"理念高度一致。世界包罗万象，存在各行各业，而不同行业都有专精的人才，应该有行业的专业人士加入教育中来，参与教育目标的设定、教育内容的选择、教育结果的评估等环节。同时，教育要培养的人不是"会考试的人"，而是社会主义新时代的建设者和接班人。"能者为师"的理念是对以师范教育毕业生、教师资格作为教师职业门槛标准的突破，也是对教育初心的回归。这将有利于培养学生解决社会生产生活中现实问题的能力，而不是应对标准化考试的能力。另外，学习者本身在某个时间点也会发生角色转换，变成教育者，例如深圳图书馆或者志愿者项目中，学生用自己所学为其他人提供引导，其本身就已成长为一个教育者。所谓"教学相长"，在创新项目中来理解这个传统概念，也可以认为教育者和学习者的身份也是重叠的，二者是可以相互促进的。

表 3.4.1　教学内核要素框架下的深圳案例对比表

深圳案例	教育者	学习者	内容	资源
"四点半学校"与"四点半活动"	高校教师、民办教育机构教师；少年宫、文化馆、科技馆等社会组织辅导员；各领域专业特长人才；志愿者	利用非正规学习时间进行学习；学习者目标是提升素养和兴趣，而不是补习知识	德育主题教育和实践活动；艺术、体育、科技方面的培训、创客、竞赛等；学生社团、兴趣小组活动	由社会组织公益或者有偿提供发展到政府购买、学校投入
深圳明德实验学校	用企业用人制度管理教师队伍，教师去编制化，实行全员聘任制；利用社会各行业专家作为师资；招聘综合类院校毕业生作为师资	线上与线下融通学习；没有围墙的学校	社会即学校，生活即教育，强调实践性知识的学习；1+N课程模块，1为国家课程，N为学校的拓展课程	企业与政府共同出资兴建的"公立非公办"教育机构；开放获取教学资源

（续表）

深圳案例	教育者	学习者	内容	资源
深圳图书馆	作为读者的学习者和作为志愿者的教育者	通过参与专题活动而学习；通过志愿服务学习；随时可以学习	创客计划和创客＋课程；特色课程；重拾经典的"南书房书目"	与港铁合作，延伸虚拟阅读空间；基于社区的移动图书馆
"安全号列车"项目	由社区工作者、志愿者、家长和教师担任讲师，宣讲和关注儿童安全	基于儿童需求设计活动；以"儿童议事会"的形式吸纳儿童亲身参与	对儿童开展安全教育，对家长开展生命教育；通过漫画、游戏、家居安全包等衍生品开展教育	政府和学校支持，企业和社区参与；以社区为主要活动载体，搭建安全教育空间
深圳志愿者制度	团市委、市义工联统筹平台；学校组织义工队，发布志愿者岗位；家委会发起活动；	学生进行服务性学习，培养志愿精神；学生了解国家政策和社会大事；学生在服务中做社会调研	把志愿服务作为综合素质评价的内容之一；服务内容涉及社会生活方方面面	利用行业资源建立志愿者服务站，例如机场志愿者站

结语：
教育协同创新的破局

通过国外案例与深圳案例的对比可以发现，国内外的教育创新存在一定程度的耦合或者相互学习借鉴（见表1）。在本书剖析的十个案例中，各有不同的关怀和聚焦，但是每组中外案例又形成了参照，从案例希望解决的问题、采用的教育协同创新路径（涉及哪些参与者、教学内核的变化）、体现的教育理念三个维度来看，具有一些共性。美国21世纪社区学习中心计划和深圳"四点半活动"应对的是青少年的课后监管难题，通过社会机构参与和社区参与拓展青少年的学习时间，体现了打造学习型社会的理念；英国博物馆教育项目和深圳图书馆的案例应对学校知识体系的封闭性，通过社会公益组织参与教育和教学，在体验式学习中拓展青少年的学习空间；新加坡的"德育在于行动"项目和深圳学生志愿者行动针对的是教育功利化导向问题，旨在培养青少年的价值观、提升其社会责任感，通过政府倡导、社会支持的公益活动，将学习美德与实践美德统一起来，培养真正的社会公民；美国特许学校运动和深圳明德实验学校针对的是公立学校存在的质量危机，通过引入社会力量，从办学机制上突破创新，以期提高整体教育质量；孟加拉国 BRAC 教育项目和深圳"安全号列车"针对的是弱势群体的特殊教育需求，通过社会组织主导、政府支持的公益项目为特殊需求群体提供更多保障，促进教育公平，强调全民教育的理念。

更进一步来看，美国 21 世纪社区学习中心计划和深圳"四点半活动"，英国博物馆教育和深圳图书馆项目，新加坡"德育在于行动"项目和深圳学生志愿者活动都是聚焦学校教育系统的局限性，通过社会组织机构为学校教育延展时间、空间和内涵；美国特许学校运动和深圳明德实验学校，以及孟加拉国 BRAC 教育项目和深圳"安全号列车"都聚焦公立教育体系的发展弊病，通过社会组织机构为公立教育系统赋能或者成为其有力补充，为学校教育塑造高峰、填平深谷。

表 1　"问题—路径—理念"框架下的中外教育协同创新案例对比表

中国案例	应对问题	教育协同创新路径		国外案例
		参与者	教学内核	
深圳"四点半活动"	青少年放学后缺乏监管	政府主导，学校与社区参与	教学内容和教学者创新	美国 21 世纪社区学习中心计划
深圳图书馆	知识体系封闭	社会公益组织	体验式学习	英国博物馆教育

（续表）

中国案例	应对问题	教育协同创新路径		国外案例
		参与者	教学内核	
深圳学生志愿者	教育的功利化	政府倡导，社会支持	学习者角色的转变和学习内容的变化	新加坡"德育在于行动"项目
深圳明德实验学校	公立教育质量危机	学校与其他机构合作办学	特色办学目标和教学体系	美国特许学校运动
深圳"安全号列车"	弱势群体缺乏教育机会	社会组织主导，政府支持	关注弱势群体的教育需求	孟加拉国BRAC教育项目

展望未来，学校教育在全球范围持续普及和科技进步日新月异的双重背景下，学校教育与社会割裂的问题在短期内很可能会变得更加突出，新一轮的教育危机论可能又会甚嚣尘上。伴随着人类文明从原始社会、农耕时代、工业时代到信息时代的进程，教育形态也在不断变迁（谢维和，2001）。第二次工业革命带来了更普遍的劳动分工和大规模工业化生产，使得教育内容从农耕知识和道德规范向制造技能、科学知识和人文素养转变，教学场景从书院向更具规模效应的封闭式校园班级授课制转变，学校教育由此登上历史舞台。20世纪末信息革命后，信息化和自动化使得社会技能需求进一步发生变化，以重复记忆和操练为特点的标准学习方式亟待

变革，以知识为主的教育目标逐渐向信息素养和社会参与等转变，学习场景也突破了学校空间，网络空间中的学习越来越普遍（黄荣怀等，2017）。2022 年人工智能 ChatGPT 横空出世，其简洁的人机交互模式和强大的文本生成功能，使各行各业都在担心未来人工智能带来的生存危机。面对 ChatGPT 在帮助学生完成作业、完成高考试卷等方面的出色表现，人工智能带来的教育危机愈加凸显，智能时代教育目标、教学方式和教学场景将如何变化，成为当下社会讨论的热点。以知识传授为主的学校教育是否会被终结？教师是否会被替代？中国教育优势是否会荡然无存？种种讨论方兴未艾。纵观人类发展历史，技术变革速度越来越快，社会技能需求变化也随之加快。在这样的背景下，学校与社会协同创新将愈加重要。首先，学校与企业协同发展，是将新技术快速运用于学校教育的条件（刘德建等，2018）；其次，互联网、人工智能、元宇宙的发展正在打破学校与社会的围墙，学习场景越来越不再局限于学校之中，如何培养学生在学校之外学习场景中的学习能力、营造安全的学习环境，需要学校和社会共同努力；最后，在社会变革加快背景下，只有开放校园、走向社会，教师和学生才能更深刻地感受时代变化、更及时地调整教学目标和教学方式。

前文中总结的五对国内外教育协同创新案例都有着良好的实证效果评估基础，但广义上的教育协同创新大部分要么尚处于摸索阶段，要么缺少实证研究的支持而无法推广。构建具有活力、生命力和可持续性教育生态系统仍然任重道远。

创建这样一个教育协同创新的共同体，关键是要有一套明确的激励机制。本文建议通过建立更加全面的教育评价体系，明确每一个个体（人或者企业、机构）占有的公共教育资源和应承担的教育责任来破解教育协同创新的难题。过往文献在探讨其他教育者应承担的教育责任时，多半是从企业的社会责任的角度入手，讨论对象更多集中在职业教育阶段，其主要观点是企业作为雇主，雇主应该更多承担雇员或者未来雇员职业技能提升的责任。本文认为新的教育评价体系要解决的是教育的私人收益与社会收益不相称的问题（Psacharopoulos & Patrinos, 2018）。享受了更优质和高等教育的个人虽然通过缴纳学费部分补偿了其获得的公共教育投入成本（通常高等教育学费不会超过总成本的 20%），并且通过缴纳个人所得税实现了教育的社会收益，但是他们仍然占用了更多的公共教育投入，并且获得了其他经济的（收入之外的）或者非经济的私人教育收益。不仅如此，精英群体还会把这些私人教育收益通过文化资本代际传递给其子女，降低社会的流动性（布迪厄，帕斯隆，2002）。另一方面，企业，尤其是大企业、高新技术企业通常会雇用更多拥有高等教育文凭的人，表面上看似对人才高薪诚聘，实则背后是对公共教育资源的俘获（见表2）。而且在社会收入差距不断加大且教育对个人收入有巨大影响的背景之下，家长一方面会通过购买"学区房"激烈争夺义务教育阶段的公共教育资源，另一方面也投入更多的私人资源（如通过购买校外辅导服务）以争夺高中和大学阶段的高质量教育机会（Doepke & Zilibotti，2019）。这也正是"双减"政策落地前中国教育焦虑与内卷大行其道的动力机制（丁小浩，2021）。

表2 人力资本的形成与收益的实现

	政府	个人／企业
人力资本形成	公共教育支出／补贴	个人缴纳的学费、课外学习支出等
人力资本收益	企业或者个人所得税	经济收益、非经济收益、代际收益

因此为了破解这个难题，本文提出一个"人力资本收益平衡式"的概念：

人力资本全社会收益 = 教育私人收益 + 教育社会收益 +

教育协同创新投入

平衡式将人力资本的全社会收益分解成教育私人收益（个体
或者企业）、以政府税收来体现的教育社会收益、教育协同创新
投入三个部分。每个受教育者或者每个雇用了高等教育劳动力的
企业在进行生产活动后产生的全社会经济收益不同，在给定的
税收体制下，每个人的教育私人收益也大相径庭。由于每一个
接受过高等教育的个体都不同程度地占有了公共教育资源，所
以这些受教育者及其雇主（企业或机构）都有责任更多地参与
到学校教育中去，他们对教育协同创新的投入一方面可以冲抵其
所占用的公共教育资源，另一方面也可被视作公共教育资源的
"股东权益"的实现。[1]这种投入体现在改善和丰富教学内核的
不同方面，如担任兼职或者全职教师、提供教育资源（如资金
或者实习机会）、创新学习内容（如项目化学习机会）等。[2]

---

[1] 当然，教育协同创新的投入究竟应该占整体私人教育收益多大比例是一个
有待进一步研究的问题。如果比例过大，则会影响私人教育投资的热情；如果比
例过小，则起不到改善教育私人收益与教育社会收益不相称的作用。

[2] 需要注意的是，本文并不是建议税收制度的改革或者说教育筹资体制的改
革，虽然很可能这些改革也是必需的。笔者的思路是从三次分配入手，与中央财
经会议提出的三次分配有关系，但又不完全一致，因为这里的教育协同创新有成
本补偿和收益共享的色彩。

对于企业和社会组织而言，这种投入的具体贡献途径，在不同教育阶段又可以有不同的呈现形式：在幼小阶段，学生往往通过观察、感觉去触摸世界，需要以场景式的探索活动作为了解社会的工具；而企业和其他社会组织可以为此探索活动提供适宜的环境，启发儿童探究现实问题的兴趣，为其养成学习的习惯、成为一个终身学习者打下坚实的基础。在中学阶段，学生往往通过抽象化的概念理解世界，通过学科化的体系建构认知世界，但是现实问题往往是复杂和多学科交融的，需要以探究式的项目学习作为研究社会的工具；而企业和其他社会组织可以参与到项目学习制度中，提供多元背景的教育者和更加深入的学习资源。在高等教育阶段，学生往往通过专业化的学习和跨学科的研究实现新的理解，生产新的知识，需要以引领式的科研探索增进社会福利；企业和其他社会组织可以更全面地参与到人才培养的目标、方案和执行中，无论是技术型工人的"订单式培养"还是科研成果转化的"产教融合"，企业和其他社会组织都需要与学校互为灯塔，共同照亮人才成长之路。

参考文献

1. 伯茨 . 西方教育文化史 [M]. 王风玉 译 . 济南：山东教育出版社, 2012.

2. 博伊德，金，西方教育史 [M]. 任宝祥，吴元训 译 . 北京：人教育出版社, 1985.

3. 布迪厄，帕斯隆 . 再生产：一种教育系统理论的要点 [M]. 邢克超译 . 北京：商务印书馆, 2002.

4. 常国良 . 中国古代教育史研究 [M]. 哈尔滨：黑龙江教育出版社, 2011.

5. 陈海滨 . 深圳古代史 [M]. 深圳：深圳报业集团出版社, 2015.

6. 陈秋明 . 从试点到示范：深圳基础教育改革发展回顾与展望 [J]. 中国教育学刊, 2021(06)：26-32.

7. 程红兵 . 安安静静办学 书生校长的办学手记 [M]. 上海：上海教育出版社, 2018.

8. 程红兵 . 教育治理现代化进程中学校治理体系变革研究——以深圳明德实验学校为例 [J]. 全球教育展望, 2017, 46(11)：90-103.

9. 邓小泉，杜成宪 . 教育生态学研究二十年 [J]. 教育理论与实践, 2009(13)：12-16.

10. 丁光辉 ."家校社" 共同参与学生综合实践研究 [M]. 北京：光明日

报出版社，2016.

11. 董秀兰.美国21世纪社区学习中心计划研究 [D]. 华中师范大学，2009.

12. 杜威.道德教育原理 [M]. 王承绪 译.杭州：浙江教育出版社 .2003.

13. 杜威.杜威全集·中期著作：第8卷 (1915)[M]. 何克勇 译.上海：华东师范大学出版社，2015.

14. 杜威.学校与社会·明日之学校 [M]. 赵祥麟，任钟印，吴志宏 译.北京：人民教育出版社 .2017.

15. 范国睿.教育生态学 [M]. 北京：人民教育出版社，2000.

16. 范斯科德，克拉夫特，哈斯.美国教育基础——社会展望 [M]. 北京师范大学外国教育研究所 译.北京：教育科学出版社，1984.

17. 方映灵.深圳在改革开放中的体制创新：贡献与经验 [J]. 特区实践与理论，2019，No.235(02)：87-91.

18. 弗里曼.希腊的学校 [M]. 朱镜人译.济南：山东教育出版社，2009.

19. 高翠.英国博物馆的社会教育 [N]. 中国文物报，2012-02-01(004).

20. 格林.教育与国家形成：英、法、美教育体系起源之比较 [M]. 王春华 译.北京：教育科学出版社，2004.

21. 古得莱得.一个称作学校的地方 [M]. 苏智欣 译.上海：华东师范大学出版社，2007.

22. 谷力.现代学校制度生成与变革原理研究 [M]. 南京：河海大学出版社，2007.

23. 郭法奇，郑坚，吴婵.学校演进的逻辑及发展趋势 [J]. 教育研究，2017，38(02)：40-47+64.

24. 杭禹.美国特许学校绩效研究的结果及其启示 [J]. 江苏教育研究，

2015(Z4)：63-67.

25. 贺国庆，于洪波，朱文富．外国教育史 [M]．北京：高等教育出版社，2009.

26. 黄荣怀，刘德建，刘晓琳，徐晶晶 .(2017). 互联网促进教育变革的基本格局．中国电化教育 (01)，7-16.

27. 黄志成．从终身教育、全民教育到全纳教育——国际教育思潮发展趋势探析 [J]. 河北师范大学学报 (教育科学版)，2003(02)：27-30.

28. 季苹 ."隐蔽课程"与"废除学校"——美国非学校化思想述评 [J]. 教育科学研究，1997(06)：23-25.

29. 靳玉乐．教育概论 [M]．重庆：重庆出版社，2006.

30. 康长运，李二民等．六国教育创新实践扫描 [M]．北京：教育科学出版社，2021.

31. 克雷明．公共教育 [M]. 宇文利 译．北京：中国人民大学出版社，2016.

32. 孔令帅，张佳．美国特许学校授权机构的职责、类型与监督措施 [J]. 教育科学，2019，35(06)：86-93.

33. 库姆斯．世界教育危机 [M]. 赵宝恒，李环 译．北京：人民教育出版社，2001.

34. 蓝建 ．"世界教育危机"问题探讨 [J]. 教育史研究，2003(1)：89-93.

35. 劳期龙．促进民办中小学优质特色发展的战略思考——以深圳市的民办教育为例 [J]. 南方论刊，2012(6)：101-104.

36. 李弘祺．学以为己 传统中国的教育 [M]．上海：华东师范大学出版社，2017.

37. 李弘祺．中国传统教育的特色与反省 [J]. 北京大学教育评论，2012，10(2)：120-139.

38. 李宏坤.培训——英国博物馆管理不变的主题 [N]. 中国文物报，2007-06-22(006).

39. 李华.国际社会保障动态 反贫困模式与管理 [M]. 上海：上海人民出版社，2015.

40. 李丽.深圳教育综合改革渐入深水区 [N]. 深圳特区报，2015-03-30(A06).

41. 李兴洲，耿悦.从生存到可持续发展：终身学习理念嬗变研究——基于联合国教科文组织的报告 [J]. 清华大学教育研究，2017，38(01)：94-100.

42. 廖槎武.充分发挥学校在特区精神文明建设中的重要作用 [J]. 人民教育，1997(09)：23-24.

43. 廖敦如.我的教室在博物馆：英美"馆校合作"推展及其对我国的启示 [J]. 博物馆学季刊 2005(19)，79-97.

44. 林杰，刘业青.高等教育外部治理格局的突破与创新——深圳建设中国特色社会主义先行示范区的机遇 [J]. 清华大学教育研究，2020，41(02)：59-72.

45. 刘德建，杜静，姜男，黄荣怀.(2018).人工智能融入学校教育的发展趋势.开放教育研究 (04)，33-42.

46. 刘骥.如何应对全球学习危机？——世界银行《2018 世界发展报告》述评 [J]. 全球教育展望，2018，47(06)：3-14.

47. 刘启蒙，李二民，徐冠兴等.全球教育创新动态报告 [M]. 北京：教育科学出版社，2021.

48. 鲁江，付华敏.突破学校围墙对教育的阻隔——广东省深圳市明德实验学校研学旅行课程设计 [J]. 人民教育，2019(24)：17-20.

49. 罗国淮，胡婷，李我直."四点半课堂"解决孩子接送难 [N]. 深圳特区报，2018-04-22(A05).

50. 吕利丹，段成荣. 我国流动儿童规模和流动特征的变化趋势（2000-2015）[M]// 韩嘉玲. 中国流动儿童教育发展报告（2019-2020），北京：社会科学文献出版社，2020.

51. 倪振良. 改革中等教育结构　培养多种规格的建设人才——深圳经济特区教育见闻之三 [J]. 人民教育，1984(09)：31-32.

52. 饶舒琪，安然. 社会转型期的道德危机与道德教育——杜威民主正义道德教育思想再审视 [J]. 国外教育研究，2012-39(2017-39).

53. 深圳市建设图书馆之城推进办公室. 深圳市建设图书馆之城的理念与实践 [M]. 深圳：海天出版社，2006.

54. 深圳市教育局. 发展分段高中　优化高中阶段教育结构 [J]. 课程.教材.教法，1995(08)：12-15+23.

55. 沈俊强. 全民终身教育与基础教育改革——对 UNESCO 教育理念的几点阐释 [J]. 基础教育，2009，6(09)：7-12.

56. 唐琼一. 创建适应学生多元需求的优质学校——美国威斯康星州特许学校管窥 [J]. 今日教育，2017(02)：66-67.

57. 王佳佳，韦珠祎."非学校化"教育 40 年：从改革理想到教育实践 [J]. 外国教育研究，2019，46(01)：27-37.

58. 王晓晴，陈一丹."明德模式"只是取得初步成功 [N]. 深圳特区报，2015-05-28(B02).

59. 王晓亚. 学生在中学毕业前至少参与两项目"德育在于行动"实行六年成果良好 [N]. 联合早报，2018-09-19.

60. 王洋，孙志远. 挽救放学后的童年——解析美国中小学课外计划

[J]. 基础教育，2011，8(01)：126-129+121.

61. 王元林，熊雪如 . 历史上深圳地域与海上丝绸之路渊源初探 [J].《深圳大学学报》（人文社科版），2016, 33(3)：20-24.

62. 温从雷，王晓瑜 . 构建全民教育质量评估体系的蓝图——《2005 全球全民教育监测报告》述评 [J]. 开放教育研究，2006(03)：93-96.

63. 翁欢琪 . 安全总动员：一场儿童为本的城中村社区参与试验 [J]. 中国社会工作，2017（03）：39-40.

64. 吴康宁 . 破除学校神话 走向学习化社会——《去学校化社会》译者导读 [J]. 教育学报，2017, 13(05)：121-128.

65. 项贤明 . 当前国际教育改革主题与我国教育改革走向探析 [J]. 北京师范大学学报 (社会科学版)，2005(04)：5-14.

66. 项贤明 . 作为建构之前提和基础的批判——20 世纪中叶美国"学校消亡论"的当代思想价值初探 [J]. 比较教育研究，2019, 41(07)：3-12.

67. 谢维和 ."新教育"的社会基础和特点 [J]. 教育研究，2001(01)：46-48.

68. 熊明安 . 我国古代学校教育制度的形成、发展及其历史作用 [J]. 西南师范大学学报 (人文社会科学版)，1985(03)：50-57+107.

69. 熊贤君 . 民国义务教育研究 [M]. 长沙：湖南教育出版社，2018.

70. 熊贤君 . 深圳教育史 [M]. 北京：社会科学文献出版社，2010

71. 徐辉，李薇 . 迈向学习型社会的重要宣言——写在《学会生存》发表 40 周年之际 [J]. 教育研究，2012, 33(04)：4-9.

72. 杨汉杰 . 美国特许学校办学模式对我国薄弱中小学创新发展的启示 [D]. 西安外国语大学，2015.

73. 杨雄标 . 公共图书馆空间再造的实践与思考——以深圳图书馆为例 [J]. 图书馆杂志，2016, 35(06)：49-52.

74. 杨莹莹，洪明．美国特许学校改革的典范——美国 KIPP 学校探究 [J]．教育评论，2020(10)：8-15.

75. 姚龙华．"放学后别走"，让家长放心孩子开心 [N]．深圳特区报，2018-09-13(A02).

76. 姚卓文，李丽，韩文嘉．中小学引进名企资源开特色课 [N]．深圳特区报，2017-10-12(A12).

77. 姚卓文，吴璇玲．学校"四点半活动"今后停办？[N]．深圳特区报，2019-03-19(A09).

78. 姚卓文．延时放学新规向社会征求意见 [N]．深圳特区报，2020-11-21(A05).

79. 伊万·伊利奇．去学校化社会（汉英双语版）[M]．吴康宁 译．北京：中国轻工业出版社，2017.

80. 张曦．当代英国博物馆教育研究 [J]．辽宁省博物馆馆刊，2010(00)：497-518.

81. 张一兵．深圳通史 [M]．深圳：海滩出版社，2018.

82. 赵厚勰，陈竞蓉．中国教育史教程 [M]．武汉：华中科技大学出版社，2012.

83. 赵厚勰，李贤智．外国教育史教程 [M]．武汉：人民教育出版社，2018.

84. 郑金洲，吕洪波．"学校消亡论"评析 [J]．外国教育动态，1990(05)：38-42.

85. 郑奕，陆建松．博物馆要"重展"更要"重教"[J]．东南文化，2012(05)：101-109.

86. 周采．保罗·古德曼教育思想述评 [J]．外国教育研究，1997(02)：1-8.

87. 朱敏，高志敏．终身教育、终身学习与学习型社会的全球发展回溯

与未来思考 [J]. 开放教育研究，2014，20(01)：50-66.

88. 朱永新. 新教育实验二十年：回顾、总结与展望 [J]. 华东师范大学学报（教育科学版），2021，39(11)：1-44.

89. Ackerman M, Egalite A J. A critical look at methodologies used to evaluate charter school effectiveness[J]. Educational Assessment, Evaluation and Accountability, 2017, 29: 363-396.

90. Ahmed J U, Ashikuzzaman N M, Mahmud A S M. Social innovation in education: BRAC boat schools in Bangladesh[J]. Journal of Global Entrepreneurship Research, 2017, 7(1): 20.

91. Ahmed M, Chabbott C, Joshi A, et al. Primary Education for All: Learning from the BRAC Experience, A Case Study[J]. 1993.

92. Ahmed S, French M. Scaling up: The BRAC experience[J]. 2006.

93. Anderson, D. A Common wealth: Museums in the learning age [R]. Department for Culture, Media, and Sport. 1999.

94. Barton A C, Drake C, Perez J G, et al. Ecologies of parental engagement in urban education[J]. Educational Researcher, 2004, 33(4): 3-12.

95. Begum H A, Yasmin R N, Shahjamal M M. An assessment of BRAC pre-primary graduates in formal primary school[J]. 2004.

96. Bifulco R, Ladd H F. School choice, racial segregation, and test-score gaps: Evidence from North Carolina's charter school program[J]. Journal of Policy Analysis and Management, 2007, 26(1): 31-56.

97. Boon Z, Wong B. Character and Citizenship Education[J]. School Leadership and Educational Change in Singapore, 2019: 183-199.

98. Bray M, Kobakhidze M N. Evolving ecosystems in education: The

nature and implications of private supplementary tutoring in Hong Kong[J]. Prospects, 2015, 45: 465-481.

99. Bronfenbrenner U. The ecology of human development: Experiments by nature and design[M]. Harvard university press, 1979.

100. Buckley J, Schneider M. Are charter school students harder to educate? Evidence from Washington, DC[J]. Educational Evaluation and Policy Analysis, 2005, 27(4): 365-380.

101. Bulkley K. Educational performance and charter school authorizers: The accountability bind[J]. Education Policy Analysis Archives, 2001, 9(37).

102. Cairns, S. Think-piece: Future of Museum Learning for Children and Young People Enquiry[R]. London: Arts Council England, 2013.

103. Cannata M, Penaloza R. Who are charter school teachers? Comparing teacher characteristics, job choices, and job preferences[J]. Education Policy Analysis Archives/Archivos Analíticos de Políticas Educativas, 2012, 20: 1-21.

104. Carr-Hill R A, Pessoa J. International literacy statistics: A review of concepts, methodology and current data[M]. Montreal: UNESCO Institute for Statistics, 2008.

105. Charitonos K, Blake C, Scanlon E, et al. Museum learning via social and mobile technologies:(How) can online interactions enhance the visitor experience?[J]. British Journal of Educational Technology, 2012, 43(5): 802-819.

106. Chou C H. Managing museum learning: A marketing research of family visit experience at the British Museum[J]. International Journal of

Information, Business and Management, 2013, 5(1): 303.

107. Chowdhury A M R, Choudhury R K, Nath S R. Hope not complacency: State of primary education in Bangladesh 1999[J]. 1999.

108. Coombs P H. The World Educational Crisis: A System Analysis[M]. London: Oxford University Press,1968.

109. CREDO. Multiple choice: Charter school performance in 16 states[R]. San Francisco: CREDO, 2009.

110. CREDO. National Charter School Study[R]. San Francisco: CREDO, 2013.

111. Delors et al. Learning: The Treasure Within[M]. Paris: UNESCO, 1996.

112. Dewey J. The school as social center[J]. The elementary school teacher, 1902, 3(2): 73-86.

113. Doepke M, Zilibotti F. Love, money, and parenting: How economics explains the way we raise our kids[M]. Princeton University Press, 2019.

114. Eberts R W, Hollenbeck K. Impact of charter school attendance on student achievement in Michigan[J]. 2002.

115. Elwick A R. Non-formal learning in museums and galleries[D]. Newcastle University, 2013.

116. Faure et al. Learning to be: The world of education today and tomorrow[M]. Paris: UNESCO, 1972.

117. Fletcher A J, Padover W. After-School Programs: An Investment That Pays Off[J]. Leadership, 2003, 32(4): 21-23.

118. Ford M R, Ihrke D M. A comparison of public and charter school board governance in three states[J]. Nonprofit Management and Leadership, 2015, 25(4): 403-416.

119. Fryer R G. Injecting successful charter school strategies into traditional public schools: A field experiment in Houston[R]. National Bureau of Economic Research, 2011.

120. Garcia D R, Barber R, Molnar A. Profiting from public education: Education management organizations and student achievement[J]. Teachers College Record, 2009, 111(5): 1352-1379.

121. Gardner D P. A Nation At Risk: The Imperative For Educational Reform. An Open Letter to the American People. A Report to the Nation and the Secretary of Education[J]. 1983.

122. Geheb P, Owens S. Charter school funding gap[J]. Fordham Urb. LJ, 2019, 46: 72.

123. George, E. H. Learning in the Museum[M]. New York: Routledge,1998.

124. Ghosh S K. An appraisal of the BRACs NFPE Programme in respect to coverage of terminal competencies specified by the government of Bangladesh[J]. 1999.

125. Haque H. Use of ICT in secondary education in Bangladesh: Policies and practices[J]. 2017.

126. Hasan M, Chowdhury A M R, Rashid S. Linking the school and family: Community participation in BRAC schools[M]. BRAC, 1994.

127. Hawkins, R. J., Trucano, M., Romani, J. C., et al. Reimagining Human Connections: Technology and Innovation in Education at the World Bank[R]. Washington, D.C. : World Bank Group, 2020.

128. Hill P, Lake R, Celio M B, et al. A Study of Charter School Accountability: National Charter School Accountability Study[J]. 2001.

129. Hodgson A, Spours K. An ecological analysis of the dynamics of localities: a 14+ low opportunity progression equilibrium in action[J]. Journal of Education and Work, 2015, 28(1): 24-43.

130. Imam S R, Khan K A. An analysis of classroom culture of BRAC schools[J]. 1998.

131. Jalaluddin A K, Chowdhury A M R. Getting Started: universalising quality primary education in Bangladesh[M]. University Press Limited, 1997.

132. James-Burdumy S, Dynarski M, Moore M, et al. When Schools Stay Open Late: The National Evaluation of the 21st Century Community Learning Centers Program. Final Report[J]. US Department of Education, 2005.

133. Khan K A. Reasons behind discontinuation of BRAC teachers in non-formal primary education programme[J]. 1998.

134. Kilpatrick W. H. Education and the Social Crisis: A Proposed Program[M]. New York: Liveright Publishing Corporation,1932.

135. Kolderie T. Ray Budde and the origins of the charter concept[J]. Education Evolving, 2005, 3.

136. Lacireno-Paquet N. Do EMO-Operated Charter Schools Serve Disadvantaged Students? The Influence of State Policies[J]. Education Policy Analysis Archives, 2004, 12(26): n26.

137. Lake R, Bowen M, Demeritt A, et al. Learning from Charter School Management Organizations: Strategies for Student Behavior and Teacher Coaching[J]. Mathematica Policy Research, Inc., 2012.

138. Lee J W, Lee H. Human capital in the long run[J]. Journal of

development economics, 2016, 122: 147-169.

139. Mahoney J L, Zigler E F. Translating science to policy under the No Child Left Behind Act of 2001: Lessons from the national evaluation of the 21st-Century Community Learning Centers[J]. Journal of Applied Developmental Psychology, 2006, 27(4): 282-294.

140. Malloy C L, Wohlstetter P. Working conditions in charter schools: What's the appeal for teachers?[J]. Education and urban society, 2003, 35(2): 219-241.

141. McLorg D. Innovating on Behalf of the Poorest Children: BRAC's groundbreaking work in transforming education[J]. Childhood Education, 2019, 95(1): 24-32.

142. Naftzger N, Bonney C, Donahue T, et al. 21st Century Community Learning Centers (21st CCLC) analytic support for evaluation and program monitoring: An overview of the 21st CCLC performance data: 2005–06[J]. Naperville, IL: Learning Point Associates, 2007.

143. Nahar Q, Huq N L, Reza M, et al. Perceptions of Adolescents on Physical Changes During Puberty, ICDDR and Concerned Women for Family Development, Dhaka[R]. Bangladesh (working paper, ICDDR), 1999.

144. Nath S R, Imam S R, Chowdhury A M R. Levels of basic competencies of the BRAC school graduates of 1995 and 1997[J]. 1998.

145. Nath S R, Shahjamal M M, Yasmin R N, et al. Achievement of competencies of the BRAC school students[J]. Dhaka: BRAC Research and Evaluation Division, 2005.

146. Nath S R, Shahjamal M M. Competencies achievement of BRAC NFPE

students improving[J]. 2004.

147. Nath S R. Achievement of competencies of the students of BRAC non-formal primary schools, 2000-2002[J]. 2003.

148. Nath S R. Quality of BRAC education programme: a review of existing studies[J]. Research monograph series, 2006 (29).

149. Nath S R. School without a head teacher: one-teacher primary schools in Bangladesh[J]. 2000.

150. Nelson B. The State of Charter Schools, 2000: Fourth-year Report[R]. US Government Printing Office, 2000.

151. Nicotera A, Mendiburo M, Berends M. Charter school effects in an urban school district: An analysis of student achievement gains in Indianapolis[J]. School Choice and School Improvement: Research in State, District, and Community Contexts, 2011.

152. Numan A Q, Islam M S. An assessment of the teaching and learning process of public and BRAC primary schools in Bangladesh[J]. Education 3-13, 2021, 49(7): 845-859.

153. OECD. Back to the Future of Education: Four OECD Scenarios for Schooling, Educational Research and Innovation[R]. Paris: OECD, 2017.

154. OECD. How Was Life? – Global Well-being Since 1820[R]. Paris: OECD, 2014.

155. OECD. Innovative Learning Environments, Educational Research and Innovation[R]. Paris: OECD, 2013.

156. OECD. Measuring Innovation in Education: A New Perspective, Educational Research and Innovation[R]. Paris: OECD, 2014.

157. OECD. Schools at the crossroads of innovation in cities and regions[R]. Paris: OECD, 2017.

158. OECD. The OECD Handbook for Innovative Learning Environments[R]. Paris: OECD, 2017.

159. OECD. What Schools for the Future? Schooling for Tomorrow?[R]. Paris: OECD, 1972.

160. Parvez H. Advancing BRAC Graduates (ABG)–the future champion programme, BRAC Education Programme (BEP)[J]. 2016.

161. Penuel W R, McGhee Jr R. 21st Century Community Learning Centers Descriptive Study of Program Practices[J]. Office of Planning, Evaluation and Policy Development, US Department of Education, 2010.

162. Psacharopoulos G, Patrinos H A. Returns to investment in education: a decennial review of the global literature[J]. Education Economics, 2018, 26(5): 445-458.

163. Rajandiran D. Singapore's teacher education model for the 21st century (TE21)[J]. Implementing Deeper Learning and 21st Century Education Reforms: Building an Education Renaissance After a Global Pandemic, 2021: 59-77.

164. Rashid S F. Providing sex education to adolescents in rural Bangladesh: experiences from BRAC[J]. Gender & Development, 2000, 8(2): 28-37.

165. Reimer, E. School is Dead[M]. Middlesex, England: Penguin, 1971.

166. Reimers, F. M. Audacious education purposes: How governments transform the goals of education systems[R]. Cham, Switzerland: Springer, 2020.

167. Riemer E. School is dead: An essay on alternatives in education[J]. 1971.

168. Roch C H, Sai N. Charter school teacher job satisfaction[J]. Educational Policy, 2017, 31(7): 951-991.

169. Roch C H, Sai N. Stay or go? Turnover in CMO, EMO and regular charter schools[J]. The Social Science Journal, 2018, 55(3): 232-244.

170. Rotberg I C. Charter Schools and the Risk of Increased Segregation[J]. Phi Delta Kappan, 2014, 95(5): 26-30.

171. Serdyukov, P. Innovation in education: what works, what doesn't, and what to do about it?[J]. Journal of research in innovative teaching & learning, 2017, 10(1): 4-33.

172. Shahjamal M M. Time distribution in different teaching-learning activities in BRAC schools[J]. 2002.

173. Shumer R, Goh K C, D'Rozario V. Service-Learning in Singapore[J]. Research for What?: Making Engaged Scholarship Matter, 2010: 147.

174. Smith J, Wohlstetter P, Kuzin C A, et al. Parent involvement in urban charter schools: New strategies for increasing participation[J]. School Community Journal, 2011, 21(1): 71-94.

175. Sultan S. Performance and effectiveness of School Management Committees (SMC) of BRAC schools[J]. 1998.

176. Toson A L M. Show me the money: The benefits of for-profit charter schools (aka EMOs)[J]. Education and Urban Society, 2013, 45(6): 658-667.

177. U.S. Department of Education. 21st Century Community Learning Centers (21st CCLC) analytic support for evaluation and program

monitoring: An overview of the 21st CCLC performance data: 2018-2019 (15th report) [R]. Washington, DC. 2020.

178. UNESCO Institute for Statistics. Adult and youth literacy: National, regional and global trends, 1985–2015[R]. Paris: UNESCO, 2013.

179. UNESCO. Education for All Global Monitoring Report 2005: The Quality Imperative[R]. Paris: UNESCO,2005.

180. UNESCO. Education for All Monitoring Report 2013/14: Teaching and Learning: Achieving Quality for All[R]. Paris: UNESCO, 2014.

181. UNESCO. Literacy 1969-1971. Progress Achieved in Literacy throughout the World[R]. Paris: UNESCO,1972.

182. UNESCO. Reimagining our futures together: A new social contract for education[R]. Paris: UNESCO, 2021.

183. UNESCO. Rethinking Education. Towards a Global Common Good?[R]. Paris: UNESCO, 2015.

184. Vergari S. The politics of charter schools[J]. Educational Policy, 2007, 21(1): 15-39.

185. Walsh P. The History of the Charter School Movement and Methods for Implementing Successful Charter School Strategies into Other Educational Institutions[D]. Kutztown University of Pennsylvania, 2018.

186. Wells A S, Scott J. Privatization and charter school reform: Economic, political and social dimensions[M]//Privatizing education. Routledge, 2018: 234-259.

187. Wensing E J, Torre C. The ecology of education: Knowledge systems for Sustainable development and sustainability[J]. Journal of Teacher

Education for Sustainability, 2009, 11(1): 3-17.

188. Winters M A. Measuring the effect of charter schools on public school student achievement in an urban environment: Evidence from New York City[J]. Economics of Education review, 2012, 31(2): 293-301.

189. World Bank. World Development Report 2018: Learning to Realize Education's Promise[R]. Washington, DC: World Bank, 2018.

190. Zhang J J, Byrd C E. Successful after-school programs: The 21st century community learning centers[J]. Journal of Physical Education, Recreation & Dance, 2006, 77(8): 3-12.

191. Zhang J J, Fleming D S, Bartol B L. The sunshine state does great things for its children: Assessing the effectiveness of the 21st Century Community Learning Centers program[J]. Gainesville, FL: University of Florida, 2004.

后记

> 哈 巍

　　初次与陈一丹基金会相识是在 2020 年初沈文钦老师与基金会一起举办的首届一丹教育论坛上，陈一丹基金会慧眼识才，挖掘了我在联合国开发计划署长期从事联合国人类发展报告写作的背景，并于当年 4 月通过横向课题的形式邀请我以"终身学习观念下的社会化学习"为题开展课题研究。一开始我对这个题目有些摸不着头脑，这并不是一个我熟悉的教育经济学的经典话题。凭着当年在联合国写报告的经验，经过阅读大量的文献，我迅速将研究主题聚焦在社会与学校的教育协同创新上。但是整个写作过程却比较漫长，报告涉及的教育史、教育社会学等学科并不是我所擅长的领域，疫情的反复对我这个教学管理岗位上的新手也提出了大量的挑战，因此精力总是无法集中。虽然 2021 年 7 月在第二届一丹教育论坛上，研究报告的初稿已向全球发表了，但是这个报告的终稿，也就是这本书的最终出版又拖了将近两年的时间。

这过去的两年既是我与陈一丹基金会加深互相了解、探索全新合作模式的过程，也是一个挑战自我、实现自我的过程。在第二届一丹教育论坛后，基金会曾经提出过共建学习生态实验室的合作意向，建立更紧密合作伙伴关系，共同开拓更具前瞻性的教育研究和教育创新项目，并以这个平台每年发布一次学习生态主题的趋势性报告。虽然因为疫情等种种原因影响，展望的这种合作并没有能够如期开展，但是通过对自己过往研究的逻辑的梳理，我逐渐将自己的研究重心定位在教育与社会和经济的协同发展上。从2022年底开始，我在获得的国家自然科学基金面上项目"大学与地区经济增长：基于新建校区的准实验研究"的基础上，与陈一丹基金会开展了进一步的合作，并于2023年4月在深圳前海举办的一丹教育论坛首届圆桌论坛会议上发布题为"从三螺旋到多路径：中国特色政产学研协同创新模式探究"的报告。

这本书创造了多个第一，它是我个人出版的第一本著作，是我打通多个学科进行写作的第一次尝试，也是深圳市前海一丹教育研究院自 2021 年底成立以来资助出版的第一本专著。期待在与陈一丹基金会的未来合作中能够继往开来，取得更多的突破，创下更多的第一。

癸卯年闰二月二十于北大燕园